电子竞技赛事运营"1+X"证书制度系列教材

电子竞技赛事运营（初级）

完美世界教育　组编

人民邮电出版社

北　京

图书在版编目（CIP）数据

电子竞技赛事运营：初级 / 完美世界教育 组编
. -- 北京：人民邮电出版社，2023.11
ISBN 978-7-115-61920-4

Ⅰ．①电… Ⅱ．①完… Ⅲ．①电子游戏－运动竞赛－
运营管理 Ⅳ．①G898.3

中国国家版本馆CIP数据核字(2023)第105275号

内 容 提 要

随着电子竞技产业的飞速发展及产业链的逐渐完善，如何培养电子竞技专业人才成为更多业内人士关注的问题。而电子竞技运营师这种职业的出现，则催生了电子竞技赛事运营知识与技能的学习需求。

本书正是基于这样的需求编写的。本书共 5 个学习单元，分别是电子竞技入门、电子竞技赛事观察者基础、电子竞技赛事执行、电子竞技赛事宣传、电子竞技运营职业素养。本书从电子竞技赛事运营的基础知识开始，详细介绍了赛事组织、项目分析、赛事规则撰写、裁判规则撰写、赛事宣传的工具及其使用方法，以及电子竞技赛事运营的职业素养、职业道德等。

本书内容丰富、结构清晰、语言简练，具有较强的实用性和参考性，可作为职业院校、应用型本科院校相关专业，以及各类电子竞技赛事相关培训机构的教材，也适合对电子竞技产业感兴趣的读者阅读。

◆ 组　　编　完美世界教育
　　责任编辑　贾鸿飞
　　责任印制　王　郁　胡　南

◆ 人民邮电出版社出版发行　　北京市丰台区成寿寺路 11 号
　　邮编　100164　电子邮件　315@ptpress.com.cn
　　网址　https://www.ptpress.com.cn
　　三河市君旺印务有限公司印刷

◆ 开本：800×1000　1/16
　　印张：11　　　　　　　　　　2023 年 11 月第 1 版
　　字数：174 千字　　　　　　　2023 年 11 月河北第 1 次印刷

定价：59.80 元

读者服务热线：(010)81055410　印装质量热线：(010)81055316
反盗版热线：(010)81055315
广告经营许可证：京东市监广登字 20170147 号

电子竞技赛事运营"1+X"证书制度系列教材（初级）编委会名单

主　任：

徐子卿　上海师范大学天华学院艺术设计学院常务副院长

刘　寒　深圳职业技术大学数字创意与动画学院游戏专业主任

副主任：

杨晓红　上海市群星职业技术学校党支部书记兼校长

滕　琴　上海市第二轻工业学校校长

刘建国　赤峰信息职业技术学校副校长／高级讲师

主　编：冯啸天　范英楠　孙英梅

编委会成员：

（按姓氏拼音顺序排序）

白广洲　哈尔滨科学技术职业学院电子竞技运动与管理专业主任／副教授

龚　正　武汉光谷职业学院电子竞技运动与管理专业主任

李　鹏　黑龙江商业职业学院信息工程系副主任／讲师

孟繁瑀　天津现代职业技术学院传媒设计学院副院长／讲师／高级工艺美术师

冉超超　《永劫无间》官方解说

宋建军　上海电子信息职业技术学院教师

万一成　上海市群星职业技术学校电子竞技运营与管理教研组组长／
助理讲师

徐　挺　上海电子信息职业技术学院电子竞技运动与管理专业主任／
副教授

徐　燕　上海市第二轻工业学校美术信息系副主任／高级讲师

前言

进入 21 世纪后，电子竞技产业快速发展，吸引了大量人尤其是年轻群体参与。在多种因素的作用下，电子竞技风靡全球，产生了极为广泛而深刻的社会影响，成为一项世界性的运动。

当下电子竞技产业飞速发展，产业链逐渐完善，同时还带动了相关产业的发展，引起社会各界的高度关注，如何培养电子竞技专业人才成了热门话题。人力资源和社会保障部等部门颁布的《中华人民共和国职业分类大典（2022 年版）》中，出现了不少新职业，"电子竞技运营师"便是其中之一。

为满足电子竞技产业快速发展及对运营人才的需求，教育部将"电子竞技赛事运营"纳入第四批"1+X"证书制度试点，由完美世界教育科技（北京）有限公司（以下简称"完美世界教育"）作为职业教育培训评价组织并制定《电子竞技赛事运营职业技能等级标准》。"1+X"证书制度即"学历证书＋若干职业技能等级证书"制度，由国务院于 2019 年 1 月 24 日在《国家职业教育改革实施方案》中提出并实施。一方面，职业技能等级证书是"1+X"证书制度设计的重要内容，该证书不仅与学历证书有机结合，而且是对学历证书的强化和补充。另一方面，职业技能等级证书制度在深化教师、教材、教法"三教"改革，促进校企合作，建好用好实训基地，探索建设职业教育国家"学分银行"等方面发挥重要作用。

为帮助广大师生更好地明确电子竞技赛事运营职业技能等级认证要求，完美世界教育成立了电子竞技赛事运营"1+X"证书制度系列教材编委会，根据《电子竞技赛事运营职业技能等级标准》和考核大纲，组织编写了电子竞技赛事运营"1+X"证书制度系列教材。

本书为《电子竞技赛事运营（初级）》，根据《电子竞技赛事运营职业技能等级标准》对初级技能的要求进行编写。本书共 5 个学习单元，分别是电子竞技入门、电子竞技赛事观察者基础、电子竞技赛事执行、电子竞技赛事宣传、电子竞技运营职业素养。本书适合作为职业院校、应用型本科院校相关专业，以及各类电子竞技赛事相关培训机构的教材。

完美世界教育希望通过持续努力推动电子竞技相关专业人才的培养，希望学生因对电子竞技的热爱而去学习职业技能，也希望各类院校为行业培养出更多高素质复合型电子竞技赛事运营人才。欢迎广大读者和行业人士对本书提出宝贵的意见和建议。

目录

学习单元 1

电子竞技入门

单元概述

本单元面向电子竞技赛事组织与运营，主要讲述电子竞技基础知识，包括电子竞技赛事概况、基本规划，电子竞技产业概况、蓬勃发展的必然性、发展趋势，电子竞技赛事循环赛制、淘汰赛制、其他赛制等知识。本单元包括两个学习任务，分别为完成电子竞技赛事的初步工作和选择不同的电子竞技赛制，通过模拟操作强化相应的技能，尤其是对不同电子竞技赛制的了解和掌握。

知识目标

了解电子竞技赛事的概况；

知悉电子竞技赛事的基本规划；

了解循环赛制、淘汰赛制等不同赛制的优缺点；

树立电子竞技赛事的营销意识和电子竞技赛事产品的服务意识。

技能目标

根据电子竞技赛事的概况，了解电子竞技赛事的基本运行模式；

掌握根据赛事规划选择赛制的方法；

根据具体情况，可以制订出可行的赛制方案以及进行部分调整。

1.1　基础知识

电子竞技赛事是围绕电子竞技活动举办的赛事，与传统体育赛事相比较，两者在本质上并没有明显差异，核心都是竞赛。因此，电子竞技赛事可以归类为体育赛事。

以电子竞技活动为主题，一次性或经常性发生的短期且集中的、有组织的活动，就是电子竞技赛事。对电子竞技赛事可做以下理解。

首先，电子竞技赛事的本质是借助电子设备，依据既定规则和目的，以对抗、竞技为主要过程，以胜利为目的的体育活动。电子竞技赛事有别于人们日常的工作、学习等活动。一般而言，电子竞技赛事的构成要素包括比赛项目、竞技者（运动选手）、裁判、主办方、观众、赛场、技战术、资本、时间、地点等 10 个方面。

其次，电子竞技赛事主要比拼人体智力运动的竞争能力，并予以公开展示。

最后，不同于传统体育赛事的表现形式，电子竞技赛事是以信息技术为核心，围绕不同软、硬件以及由其营造的环境来进行的。

1.1.1　电子竞技赛事概况

我国电子竞技赛事自诞生至今，已经发展了 20 年左右。随着行业不断规范，主流媒体日益关注，电子竞技赛事的商业化趋势越发明显。电子竞技作为一种新兴的竞技项目，正逐渐发展成为一项具有现代竞技体育精神的竞技运动。

1. 赛事背景与赛事目的

➤ 赛事背景

赛事背景是赛事策划的基础，主要由比赛的主办方、协办方、承办方以及合作单位构成，如图 1-1 所示。赛事背景有时也包含一些其他优质资源。

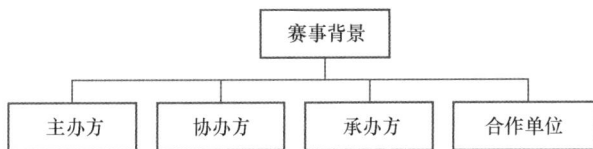

图 1-1

按照内容不同，赛事背景可以分成两大类：商业背景和政府背景。商业背景是指赛事有大中型的、具有品牌价值的公司背书。政府背景指赛事得到了政府相关部门的支持。之所以需要政府背景，是因为电子竞技赛事和其他赛事活动一样，如果有政府相关部门支持，就会更具有公信力。毕竟电子竞技曾在很长一段时间里不被主流层面接受，政府相关部门出面支持对赛事及其招商会产生巨大的积极作用。

➤ 赛事目的

赛事目的是指举办比赛的主旨，一般有选拔职业选手、培养本土电子竞技明星、弘扬电子竞技文化等。

值得注意的是，赛事目的可能是多方面的。例如由完美世界电竞主办的"高校联赛"和"城市挑战赛"是面向全国高校学生和广大《刀塔 2》（DOTA2）、《反恐精英：全球攻势》（Counter-Strike: Global Offensive, CS:GO）爱好者的精品赛事，其目的不仅是弘扬电子竞技文化以及扩大市场影响力，也是打造更完善的高校电子竞技体系、培养潜在用户。

图 1-2 所示为完美世界高校电竞社招募平台宣传海报。

图 1-2

赛事目的是赛事策划的风向标，为整个赛事确定基调，一切策划都围绕赛事目的进行。赛事目的影响整个赛事的定位：如果赛事目的是商业推广，则赛事策划应更多考虑观赏性，并且尽可能地规避因此产生的不利影响；如果赛事目的是职业竞技，则赛事策划应更加注重竞技公平。

课堂互动环节一

国际电子竞技女子俱乐部大奖赛，简称 EWG，是由宁波市甲子文化体育发展有限责任公司组织的女子国际性赛事。赛事仅限于女性选手参与，有 32 支队伍参加。此赛事为国际性赛事，从 2017 年开始举办。最初比赛项目为《英雄联盟》（League of Legends，LOL），总奖金为 50 万元人民币，随着赛事的不断发展，其他竞技类游戏也陆续被纳入。

2016 年，成都市文化广电新闻出版局和七煌电子竞技学院联合主办的"NED 全国电竞选秀"，是一场以"寻找中国电子竞技新力量"为主题，定位为全国性的大众竞技盛会。该赛事还肩负优秀玩家职业化培养的责任，为所有有梦想的电子竞技爱好者提供有效、便捷、公正的竞技平台，参加此赛事是普通玩家进入职业电子竞技领域的一条快速通道。

【请思考】

（1）这两项赛事的背景分别是什么？

（2）这两项赛事的目的分别是什么？

请根据思考结果完成表 1-1 的填写。

表 1-1　不同比赛的赛事背景和目的

赛事名称	赛事背景	赛事目的
国际电子竞技女子俱乐部大奖赛		
NED 全国电竞选秀		

2. 赛事主题

赛事主题包括标语 / 口号、主题色、主题曲、主题风格等，其中标语 / 口号是基调。

赛事主题作为对外宣传的核心元素，是赛事留给大众的初步印象，也是打造赛事整体氛围的基调。赛事主题随着赛事规划的完善而改变，但对其基调不应当做太大的改变，以免与赛事本身的风格产生冲突。

以下是 CS:GO PWL S1 的赛事主题介绍。

CS:GO PWL S1 隶属 Valve（以下简称"V 社"）官方全球职业赛事体系，由完美世界电竞主办，是面向所有亚洲战队的 CS:GO 职业联赛。该赛事是 Major（甲级）积分赛，有重要意义。战队赢得 PWL S1，意味着可以获得积分，从而参加 V 社举办的 Major 赛。上百支战队最后只有 4 支能获得争夺冠军的机会，这无疑将会带来一场场激烈的比赛。

如此激烈的赛事，参与的战队数量极多，但对于业余玩家来说，参加这种赛事是一条通往职业道路的途径。该赛事强调了"电竞梦想"这一主题，故而赛事的宣传活动多以代表斗志昂扬、热血沸腾的红色来强化主题。

3. 赛事看点

赛事看点是赛事的宣传点。赛事看点作为宣传赛事的切入点，有助于在较短的时间吸引人们的注意力，加深公众对赛事的印象。赛事目的的特殊性、赛事规模的大小、参赛选手的特殊性、奖金池等均可作为赛事看点。一般来说，需要 2 ～ 4 个赛事看点才能最大限度地吸引参赛及观赛人员。

课堂互动环节二

2020 年前后，在世界范围内较为流行、成功的电子竞技比赛是"英雄联盟全球总决赛"。同为多人在线战术竞技（Multiplayer Online Battle Arena，MOBA）游戏的DOTA2，在推出时间上和《英雄联盟》并没有太大差距，游戏画面和设计也同样极为出色，同时还是 DOTA 的续作，按理说在宣传和人气方面应该更有优势。但就玩家数量来看，《英雄联盟》是多于 DOTA2 的。

【请思考】

（1）为什么 DOTA2 在和《英雄联盟》争夺用户的过程中，一点点落了下风呢？

（2）这种发展态势是否和两者推广时的赛事主题、赛事看点有关系？

4. 游戏及赛事介绍

➤ 游戏介绍

游戏介绍是指对赛事所涉及的比赛项目进行介绍。

虽然游戏介绍不是必需的，但需要尽可能覆盖更多用户（对于游戏本身来说，绝大部分的赛事有开发新用户这一使命）。如果观看赛事策划的人不了解赛事的具体项目，游戏介绍就可以帮助其了解。

同时，对于投资方来说，一份优秀的游戏介绍是其选择某款游戏作为比赛项目的重要原因之一。

当观看赛事策划的人是主办方或赞助商时，在用明确的数据介绍某款游戏的同时，要贴合主办方或赞助商的需求，着重介绍游戏优势。比如，当赞助商的公司产品用户以女性为主时，游戏介绍应突出女性玩家的数量和女性玩家的占比，从而显示女性玩家对这款游戏的关注度。图 1-3 所示为《王者荣耀》某赛事活动中使用的游戏介绍。

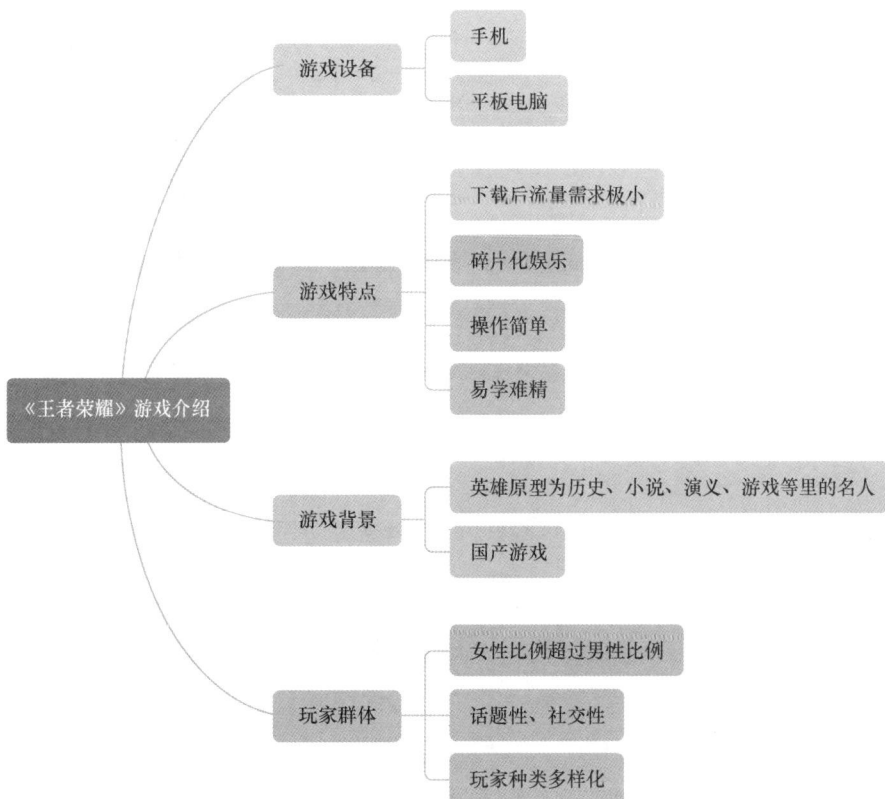

图 1-3

➢ 赛事介绍

赛事介绍是使观看赛事策划的人快速了解赛事基本策划方向的基础，一般包括赛事简介、赛事特色、往届赛事的数据或特色事件等，具体包括赛事的全称、简称、创立时间、主办方、举办周期、性质、举办地等赛事基本信息。其目的是用简短的语句介绍赛事，突出赛事特点及性质。

赛事介绍着重介绍赛事的往届情况或相似案例，以参赛人数、观赛人数、辐射人群规模、合作媒体数量等具有吸引力的数据为主。赛事介绍应图文结合，通过拍摄合适的视频进行赛事介绍也是十分值得推荐的方式。

与赛事背景、赛事目的相比，赛事介绍更加贴近赛事本身，并不聚焦于某一点，而是着重于赛事整体的赛制、影响、亮点、数据等。

另外，赛事介绍并不拘泥于形式，也不是赛事策划的必要组成部分。

以下是 DOTA2 国际邀请赛的赛事介绍。

DOTA2 国际邀请赛（The International DOTA2 Championships，简称 Ti）创立于 2011 年，是全球性的电子竞技赛事，每年举办一届，由 V 社主办，冠军奖杯为 V 社特制的冠军盾（也称不朽盾），每届冠军队伍及其队员将被记录在游戏泉水的冠军盾上。

DOTA2 国际邀请赛是规模最大和奖金额度最高的国际性高水准 DOTA2 比赛。Ti5 上千万美元的总奖金让 DOTA2 成为舆论焦点之一，而 Ti6 的总奖金更是超过了 2 000 万美元，仅冠军就能获得超过 900 万美元的奖金。

上述赛事介绍的第一段，用简短的语句说明了赛事的全称、简称、创立时间、性质、举办周期、主办方及作为赛事特色的冠军奖杯等赛事的基本情况。第二段则主要介绍了赛事的关注热点——奖金，并通过具体数据回顾了往届赛事的奖金情况。

课堂互动环节三

根据 DOTA2 国际邀请赛的赛事介绍，完成表 1-2 的填写。

表1-2 DOTA2国际邀请赛的赛事基本情况

项目	赛事基本情况
赛事名称	
赛事范围	
创立时间	
举办周期	
主办方	
比赛性质	
奖金	

表1-2中的项目是赛事介绍的重点内容，进行赛事介绍时应该尽可能全面地对其进行说明。

同时，由于游戏介绍和赛事介绍并不是面向大众而主要是面向投资方的，所以如果没有特殊情况，应该使用较规范的形式。

5. 比赛项目

不同的比赛项目，其比赛的内容、机制等各有不同。这里以第一人称电子竞技比赛项目中的《穿越火线》（Cross Fire，CF）和《反恐精英：全球攻势》为例，对比二者可以发现以下不同。

由于《穿越火线》没有经济系统，所以职业选手不需要考虑与经济相关的战术，只需要考虑作战技巧。比赛中选手基本采用步枪作战，每局比赛不是"你死"就是"我亡"，观众可以看到很多的残局处理和精彩"刚枪"。

另外，因为《穿越火线》没有经济系统，所以出场枪械基本只有AK、AWM、M4、沙漠之鹰等系列，其他枪械出场率接近零，相对应的战术就少了许多，故而可能会让观众审美疲劳。

《反恐精英：全球攻势》由于存在经济系统，相对应的战术会比《穿越火线》多，其他枪械出场率也大大提高了。同时其残局中以弱胜强的场面会让观众更兴奋。在残局中，有些选手会先计算好保枪和攻点对应的好处和坏处，再来决定选择哪一种方案，这会使游戏结局存在很多变数，同时游戏战术也丰富很多。

《反恐精英：全球攻势》的主要缺点在于，因为经济系统的存在，有时比赛双方均选择保枪策略，双方不会交战，这将导致游戏节奏拖沓，稍显无聊。

6. 赛事体系与赛事发展

（1）赛事体系

赛事体系是电子竞技游戏开发商根据游戏研发目的、玩家数量以及战略方向制定的关于游戏的赛事系统。电子竞技赛事体系是一套以游戏为核心，以职业赛事为主体，以一般赛事为辅助的赛事系统。

随着电子竞技产业的不断成熟和完善，其已经逐步形成了一套相对稳定且可行的赛事体系。常规大型电子竞技赛事体系大致可以分为大众赛事、全国大赛和国际赛事等层次，具体又可划分为高校赛、城市联赛、职业发展联赛、地域性职业联赛、世界职业联赛、明星赛等。这种赛事体系的设置涵盖不同的赛事人群，是相对完整的赛事体系。图1-4所示为常规大型电子竞技赛事体系。

图1-4

电子竞技赛事体系的发展尚不成熟，目前只有主流的电子竞技游戏如《英雄联盟》、DOTA2和《守望先锋》等，有相对完善的赛事体系。

➤ 以《英雄联盟》和《王者荣耀》为代表的足球式联赛赛事体系

在足球式联赛赛事体系中，官方主要负责组织全球性的赛事，各个赛区之间的赛程和赛制则是相互独立的。例如，英雄联盟韩国冠军联赛由知名电子竞技媒体 OGN 主办，而面向我国香港、澳门和台湾地区及东南亚地区的英雄联盟太平洋冠军系列赛则由知名游戏公司 Garena 主办。

足球式联赛赛事体系能够使选手保持较高的竞技水平，其中大型的国际赛事更能吸引大量的流量和投资。但在无重大国际赛事时，足球式联赛则较难获得企业的投资和观众的青睐。

➤ 以 DOTA2 和《反恐精英：全球攻势》为代表的杯赛赛事体系

在杯赛赛事体系中，各个地区都会定期举办高奖金杯赛，如 DOTA2 国际邀请赛等，但并没有时间跨度较大的联赛。

此外，在以 DOTA2 和《反恐精英：全球攻势》为代表的杯赛赛事体系中，竞技水平和比赛的公平性都比较高。电子竞技俱乐部无须付出高昂的运营成本，如果拥有强劲实力，则能够在短时间内获得巨大成功。

但是，由于杯赛的举办及招商地区之间往往是相互独立的，因此杯赛通常难以获得投资商的大规模资助，关注度较低，不利于电子竞技赛事以及选手的长期发展。比如，A 地某企业想投资电子竞技产业，但本地没有赛事或者电子竞技俱乐部，因而没有投资对象；而 B 地虽有电子竞技相关产业，但可能没有想投资电子竞技产业的企业。

对于电子竞技俱乐部而言，粉丝也是极为宝贵的资源。但与投资的情况类似，B 地的俱乐部很难获得 A 地的粉丝带来的收益。

➤ 以《守望先锋》为代表的篮球式联赛赛事体系

这种赛事体系效仿传统体育赛事中的篮球联赛，是以城市战队为单位的赛事体系。从某种意义上说，参赛的电子竞技俱乐部不只是一家俱乐部，还代表着某座城市，这很容易使粉丝产生归属感。

守望先锋联赛是全球首个以城市战队为单位的大型电子竞技联赛，也是《守望先锋》电子竞技级别最高的比赛。在联赛中，各顶尖职业选手享有稳定的薪资与福利。主办方也会从守望先锋挑战者系列赛中选拔选手，持续提升联赛选手的实力。

此类赛事的举办时间可以覆盖全年，且娱乐性较强，分为季前赛、常规赛、季后赛、全明星周末赛等不同赛事，因此可以获得众多赞助商的支持和大众的关注。

总之，电子竞技行业不能简单模仿传统体育赛事体系，而应在其基础上根据自身特点，综合考虑时间、参与人群、赛事目的等关键因素进行赛事设置，进而形成适合电子竞技行业自身特点的赛事体系，更好地推动电子竞技行业的发展。

（2）赛事发展

对电子竞技赛事而言，奖金数量是吸引玩家参与的重要因素，玩家数量则是衡量一款游戏能否正式建立电子竞技赛事的重要指标。电子竞技赛事能否快速发展在一定程度上取决于能否得到游戏开发商或第三方的资金支持，但创新是电子竞技赛事发展的原动力之一。

➤ 游戏项目创新：自走棋

游戏项目创新是一个相对概念，是相对市面上出现过或现在市面上的游戏而言的，因此做游戏项目创新的前提是对主流市场有一定的了解。游戏项目创新不是简单的规则改变，而是让用户的体验产生变化。游戏项目创新可以通过对游戏规则、游戏节奏、游戏文化、包装等不同方面进行改变来达成。

以自走棋为例，其来源于基于 DOTA2 游廊自定义地图制作的游戏《刀塔自走棋》。自走棋后来发展为一个游戏品类，如《三国杀》《战歌竞技场》《战争艺术：赤潮》《梦塔防》《逆水寒》《航海王：燃烧意志》《地下城与勇士》等游戏都有自走棋模式。同时《英雄联盟》《王者荣耀》等游戏也推出了自走棋模式。

2019 年，VARENA 赛事平台宣布与斗鱼和巨鸟多多工作室携手，建立自走棋职业体系。想要成为职业自走棋选手的玩家，可以进入 VARENA 赛事平台报名加入自走棋职业选拔赛，优胜者将有机会与职业战队签约。

根据规则，玩家成为自走棋职业选手需要经过以下步骤。

玩家自走棋段位达到堡垒以上（VARENA 自走棋的段位由低到高为士兵、骑士、主教、堡垒、国王、皇后），方可进入 VARENA 赛事平台报名参加自走棋职业选拔赛。

每年，自走棋官方会与 VARENA 赛事平台合作举办三次职业选拔赛。职业选拔赛将采用中国 DOTA 精英联盟（China DOTA Elite Community，CDEC）大师赛模式，玩家通过比赛获得相应积分，积分靠前的玩家将晋级成为职业选手。

玩家成为官方认证的自走棋职业选手之后，会在游戏中自动获得"职业初级"的段位，与普通玩家士兵至皇后的段位进行明显区分。职业选手还能够与职业俱乐部签约，代表俱乐部参加自走棋职业赛事，获得职业段位升级资格以及丰厚奖金。

➢ 赛事体系创新：DOTA2 的 Major（甲级）赛和 Minor（乙级）赛

随着电子竞技的蓬勃发展，多方资本先后涌入，各种巡回赛也越来越多。例如，2017 至 2018 赛季，V 社采用全新的巡回赛体系，包括甲级和乙级两个积分赛事形式，希望各大队伍在巡回赛中抢分，最后 Ti 直接邀请积分排名前八的队伍参赛。

DOTA 2 Major 赛和 Minor 赛的区别在于：Major 赛是 V 社官方甲级赛事，积分和奖金较多；Minor 赛是乙级赛事，积分和奖金与 Major 赛相比都略逊一筹，而且只有 Minor 赛冠军和亚军才能够获得参与 Major 赛的资格。

游戏项目与赛事体系的创新，是赛事不断发展的重要基础。

1.1.2　电子竞技赛事基本规划

电子竞技赛事的总体规划确定以后，举办方就可以制定赛事细则和具体的实施方案，即赛事的策划方案。策划方案需要通过一定的表达方式，客观、清晰地呈现赛事的整个过程，以达到高效指导电子竞技赛事运营的效果。

1. 赛事日期与场地

➢ 赛事日期

赛事日期指电子竞技比赛持续的时间段，不包含赛事推广的时间。

一般而言，赛事日期是综合考虑观众、参赛选手、政策等因素后选定的，不同比赛的侧重点不同。例如，英雄联盟职业联赛（League of Legends Pro League，简称LPL）的参赛选手为职业选手，赛事日期的设置较少考虑选手因素，只需要避开国家重大会议及大型节假日即可。而以高校学生为主要参赛选手的全国电子竞技公开赛（National Electronic Sports Open，NESO），赛事日期的设置会避开期末考试周，将重要赛事放在周末以吸引观众、增加观看量。

赛事日期的选定还要考虑诸多其他因素，不要将赛事安排在不合适的时间。

➢ 赛事场地

无论哪种体育赛事，赛事参与者和现场观众对于赛事的体验，都与赛事的场地有很大关系。因此，不论是户外电子竞技赛事，还是室内电子竞技赛事，场地选择都是很重要的。

在不同形式的比赛中，电子竞技赛事场地有不同的体现，线上比赛中体现为使用的赛事工具，线下比赛中体现为比赛地点。

线上比赛的赛事工具主要受比赛及游戏性质影响，线下比赛的地点则要综合考虑可容纳人数、交通便利程度、场地租赁费用、赛事执行难度等因素。

线下比赛地点一般会受内部因素的影响，比如合作方的资源情况、当地有关部门对比赛的支持力度等。例如，海口市人民政府给予了第一届世界电子竞技运动会（World Electronic Sports Games，WESG）大力支持，主办方就选择在海口举行第二届WESG全球总决赛。

在一次赛事策划里，至少考虑两个可选择的比赛地点，并对各方面进行对比。

2. 赛制规划

电子竞技赛制是指从比赛开始直至比赛结束的过程中，为合理比较参赛选手的运动水平、公平排定参赛选手的比赛名次，采取的组织和编排方式及完成竞赛的方法，又称为竞赛制度。

常用的电子竞技赛制有循环赛制、淘汰赛制等。

关于赛制规划，将在"1.1.6 电子竞技赛事循环赛制"和"1.1.7 电子竞技赛事淘汰赛制"中详细论述。

3. 赛程规划

电子竞技赛程规划包括赛事时间线设置与项目比赛时长设置。

➤ 赛事时间线设置

赛事时间线是指把整个赛事的策划、推广、招商、报名、开赛、决赛等事件的时间点，按照发生顺序罗列成线。赛事时间线有助于人们理解赛事的整体时间规划，便于下一步进行更详细的日程安排。

在赛事时间线上，比赛进行的时间点是极为重要的。

例如，在"线上 + 线下"的赛事模式中，线下比赛时间至少需要比线上比赛延后1 ~ 2周，延后时间应根据赛事覆盖范围的扩大而变长。一般情况下，省级赛事的线下比赛时间应比最后一场线上比赛延后 5 ～ 7 天，而全国范围的赛事的线下比赛时间应比最后一场线上比赛延后 7 ～ 14 天。

关于具体比赛时间，业余选手的比赛时间一般设置在下午 6:00 以后，以避免参赛选手出现日程冲突。工作日的比赛时间不要早于下午 5:00，最晚不得晚于晚上 11:00。周五的比赛可以延长到零点，周末可以全天候设置比赛。重要的比赛（四强赛、冠军赛等）的比赛时间应该设置在周末或者节假日，具体时间设置在下午。

从图 1-5 所示的完美世界电竞举办的高校联赛日程安排中可以看到，由于高校联赛是针对高校学生的电子竞技赛事，所以比赛时间基本安排在没有复习、备考压力的学期中段。

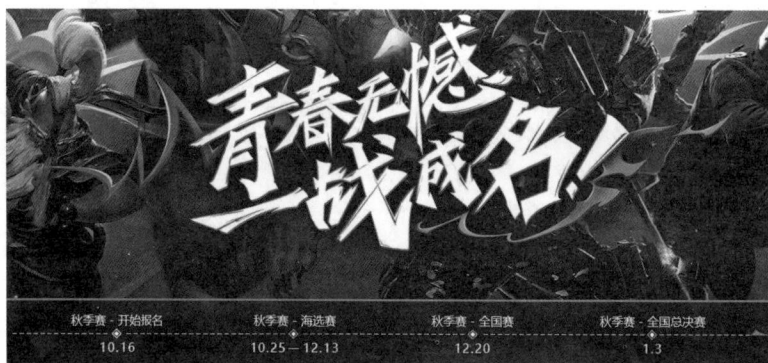

图 1-5

➤ 项目比赛时长设置

电子竞技比赛通常节奏比较快，一场比赛应在 1 小时内完成，否则选手会备受煎熬，观众也会觉得比赛节奏拖沓。

所以，比赛时长的设置不仅应考虑参赛选手的感受，也需要考虑观众的观看习惯，同时要考虑选手休息时间、中场设备调试时间等。

在《反恐精英：全球攻势》赛事中，如果比赛十分激烈，可能出现比分为 15：15

的平局，这时比赛双方将进入加时赛阶段。加时赛开始时，总局数会增加 6 局，每人的经济会被重置为 10 000 美元，3 局比赛之后，会在第 4 局换边，经济将再次被重置为 10 000 美元，率先赢 4 局者即为胜出者。如果仍然平局，则会继续进入加时赛。Tyloo 战队与 VG 战队曾在"死城之谜"上演过比分为 36∶33 的超长加时赛。

当出现多次加时赛且依然平局的情况时，主办方考虑到时间问题，可能会要求比赛直接进入决胜阶段，以求速战速决。对《反恐精英：全球攻势》这种需要高度集中注意力的项目来说，长时间的比赛会严重消耗选手精力，降低比赛的精彩程度，对于选手和观众来说都不是好的体验。

职业比赛中，若观众看到游戏画面静止、比赛双方只在复活点原地打转、聊天公屏上有人打出带有"pause"的语句等情况，这意味着比赛进入暂停阶段。

图 1-6 所示为《反恐精英：全球攻势》暂停种类及内容。

暂停种类	内容及要求
战术暂停	比赛中有一方需要暂停来研究战术或调整战术，战术暂停有次数和时间限制
技术暂停	比赛中计算机外设出现故障时，选手会及时叫技术暂停 技术暂停没有时间和次数限制，直到机器设备可以满足比赛要求为止

图 1-6

一般来说，除去选手实力的差距，比赛时间很大程度上受游戏机制本身影响，因此很难从赛制方面来控制比赛时间。初期，《英雄联盟》平均每局游戏时长在 45 分钟左右，职业比赛中由于选手势均力敌和选手战术谨慎等，时常可以见到超过一个小时的比赛。而随着《英雄联盟》系统的更新和机制的修改，现在每局比赛的时长有了明显的缩短。

相对来说，以《绝地求生》（PlayerUnknown's BattleGrounds，PUBG）为代表的大逃杀类游戏，由于存在"毒圈"类型的游戏机制，选手需要按照固定的时间进行"跑毒"以实现生存，所以单局比赛时长非常稳定。

除"毒圈"机制以外，类似《皇室战争》这样的资源加速获取、突然死亡机制，以及《部落冲突》的摧毁百分比机制，也可以有效控制比赛时长，但比赛中容易出现平局。

4. 奖金池与报名时间、方式

➤ 奖金池

奖金池指比赛的奖金总额，设定奖金池的同时也设定了每个名次应该获得的奖金数额。奖金池根据赛事规模设定，当奖金池较大时，可将其作为赛事宣传的亮点。在不同类型的比赛中，奖金池的重要程度不同。

奖金池可根据比赛目标做出调整。在强调赛区与赛区对抗的英雄联盟季中冠军赛（League of Legends Mid-Season Invitational，简称 MSI）和洲际赛中，对奖金池的宣传力度并不大，奖金总额也不是特别高，因为这两项赛事重要的看点并不是大数额的奖金，而是观众与选手共同打造的赛区荣誉感。正是因为如此，一个地区的战队是否能夺得冠军，也在一定程度上影响该赛区玩家的活跃程度。

在 2018 年英雄联盟全球总决赛中，iG 战队代表 LPL 赛区获得了首冠，不仅使得该游戏的老玩家回归，也吸引了许多新玩家加入，以至于频繁出现登录游戏需要排队的情况。

到目前为止，DOTA2 国际邀请赛的奖金池一直是全球电子竞技比赛中最大的，其奖金池在 2017 年就达到了 550 万美元。

相对于奖金数额较大的杯赛和邀请赛，联赛的奖金数额一般较低。2017 年，英雄联盟职业联赛夏季赛的奖金池为 350 万元人民币，不到英雄联盟全球总决赛 S7（S 代表赛季）的 2 460 万元人民币奖金池的 1/6。图 1-7 所示为 2018 年度十大电子竞技项目奖金池排名。

排名	电子竞技项目	奖金池
1	DOTA2	4 126万美元
2	CS:GO	2 247万美元
3	《堡垒之夜》	1 996万美元
4	《英雄联盟》	1 412万美元
5	《绝地求生》	673万美元
6	《守望先锋》	670万美元
7	《风暴英雄》	652万美元
8	《炉石传说》	495万美元
9	《星际争霸2》	453万美元
10	《使命召唤》	417万美元

图 1-7

> 报名时间、方式

电子竞技赛事报名时间一般为至少两周，可以根据赛事规模进行调整。赛事规模越大，报名时间越长，但不可过长，一般最长为两个月。报名时间过长会导致参赛选手失去比赛兴趣，也会使宣传周期过长，容易引起观众的疲惫感。另外，报名时间需要和赛事规模、赛事定位进行匹配。

电子竞技赛事报名方式多种多样，可以直接通过官网报名，可以通过 QQ 群报名，或者通过第三方赛事平台报名等。报名方式的选择需要匹配赛事定位，比如面向业余选手的比赛，报名方式要简单、直接，尽量减少报名的操作步骤，避免客服成本的增加及选手的流失。

报名表的设计也应考虑比赛特性。报名表需要包含一些个人及游戏基本信息，如姓名、年龄、手机号、QQ 号、游戏账号（ID）等。在一些具有特殊要求的比赛中，报名表可能还需要包含段位、战队、游戏大区、游戏位置等信息。如在某些需要主办方对选手进行组队的比赛中，选手需要在报名表中填写至少两个擅长的游戏位置。

课堂互动环节四

请设计一份 CS:GO 高校联赛报名表。

1.1.3 电子竞技产业概况

严格来说，电子竞技产业并非仅为游戏本身服务的，也是为赛事观众服务的。通过电子竞技反哺游戏本身，是电子竞技产业的目的或者需求之一。也正是因为如此，对于部分电子竞技游戏而言，即便赛事本身有所亏损，也会坚持举办比赛。

电子竞技产业链分为上、中、下游。2020 年电子竞技产业链如图 1-8 所示。通常将游戏开发商定义为上游产业，中游产业包含赛事赞助商、赛事承办商、赛事参与方等，直播平台被定义为下游产业。

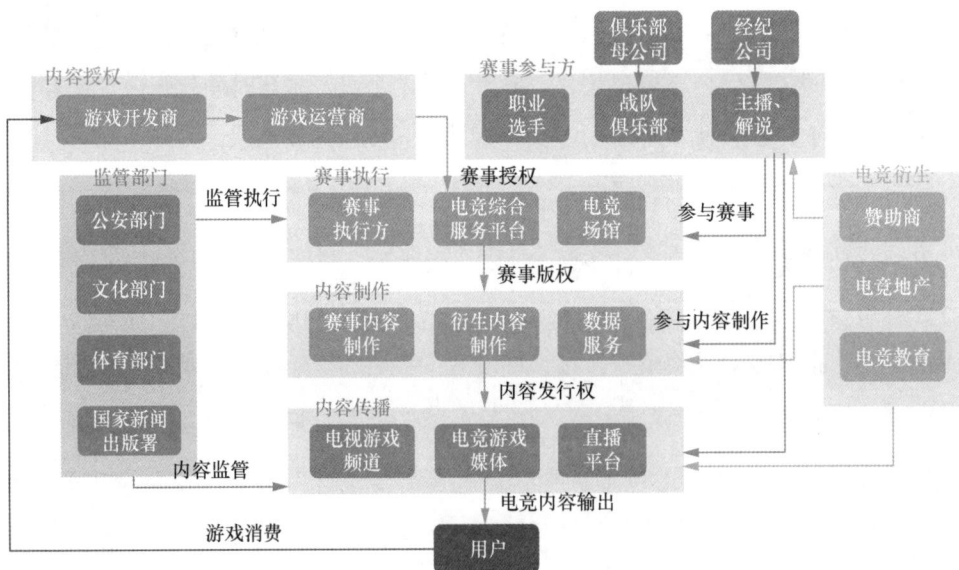

图 1-8

除此之外，随着互联网的进一步普及与游戏玩家本身需求的变化，电竞地产、电竞教育等衍生产业也应运而生。

游戏开发商拥有电子竞技赛事一系列相关权利，理论上，所有正规的电子竞技比赛都要获得游戏开发商的官方授权才可以进行。另外，不少游戏开发商（例如腾讯、完美世界、网易、电魂等）拥有相当雄厚的实力，不再一味借助第三方投资举办各种电子竞技比赛。

所以，近些年来，游戏开发商在整个电子竞技赛事中几乎拥有绝对的权利。目前，我国电子竞技产业头部公司及其代表作品与相关赛事如表 1-3 所示。

表 1-3　我国电子竞技产业头部公司及其代表作品与相关赛事

公司名称	代表作品	相关赛事
腾讯	《英雄联盟》	英雄联盟职业联赛
完美世界	《反恐精英：全球攻势》	DOTA2 国际邀请赛
网易	《炉石传说》	炉石传说世界锦标赛总决赛
电魂	《梦三国》	梦三国 2 职业联赛

注：《炉石传说》国内服务器已于 2023 年 1 月停止运营，网易公司同时起不再代理暴雪公司旗下游戏的运营，相应的国内赛事也随之停办。

1.1.4　电子竞技产业蓬勃发展的必然性

电子竞技产业的蓬勃发展，是有其必然性的。

第一，电子竞技可以满足人们更高层次的需求。

马斯洛的需求层次理论中提出的 8 级需求中，第 2 ～ 6 级需求均可以在电子竞技中获得满足。即便是最高层次的需求"超越需求"，也能在一些电子竞技中得到满足。马斯洛需求层次理论如表 1-4 所示。

值得注意的是，马斯洛需求层次理论还指出，并不是低层次需求必须完全得到满足，才会有更进一步的高层次需求。也就是说，只要部分低层次需求得到满足，人们便会自发地寻求更高层次的需求满足。

表1-4　马斯洛需求层次理论

层次等级	层次名称	层次内容
1	超越需求	超越自我
2	自我实现需求	实现自己的能力或者潜能
3	审美需求	寻找和欣赏对称、平衡、有秩序等形式的美
4	认知需求	知识和理解、好奇心、探索、意义和可预测性需求
5	尊重需求	尊重自己（尊严、成就、掌握、独立） 对他人的尊重（例如地位、威望）
6	归属与爱的需求	与其他人建立感情的联系或关系
7	安全需求	稳定、受到保护、有秩序、免除恐惧和焦虑等
8	生理需求	食物、水分、空气、睡眠等

得益于现代社会的进步，几乎所有人都能满足低层次需求（生理需求和安全需求）。但由于社会分工的必然性，不是所有人都能通过自己的努力实现更高层次需求的满足。所以，在这样的情况下，电子竞技可以在一定程度上满足人们的高层次需求，间接减少社会矛盾。

第二，电子竞技是当代社会最便宜的互动性娱乐形式之一。

娱乐形式通常分为两种。

一种是观赏性娱乐，如电影、音乐会、旅游等。在该类型娱乐中，人们只是受众，大部分情况下只是被动接受，所作所为很少能够直接干涉娱乐内容。

另一种是互动性娱乐，如大部分的竞技娱乐（传统竞技娱乐和电子竞技娱乐）、桌游等。当人们需要进行竞技娱乐，尤其是以人为竞技主体的娱乐时，需要付出一些成本（包括但不限于时间、金钱、设备损耗、场地损耗等）。

电子竞技娱乐得益于互联网的飞速发展，大部分电子竞技娱乐项目在不同程度上依附于互联网。玩家即便身处异国他乡，也可以和国内的亲朋好友进行一场竞技娱乐。玩家即便孤身一人，也几乎不会受到网络、设备以外的干扰，电子竞技游戏的系统会尽可能地为玩家匹配实力相近的对手，创造一场公平公正的竞技对决。

出于原始的竞技娱乐需求，人们大多渴望找到势均力敌的对手。图 1-9 所示为竞技娱乐中不同实力的玩家数量的分布概况。

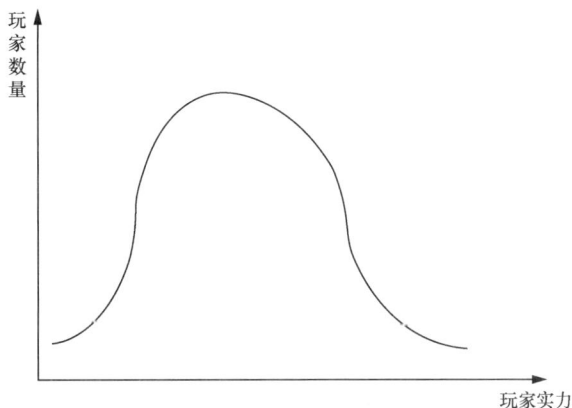

图 1-9

从图 1-9 可知，在竞技娱乐中，实力处于中等的玩家想要匹配到实力相近的对手并不难。但除此之外的玩家想要匹配到实力相近的对手则相对较难。

传统竞技娱乐项目，例如羽毛球、篮球、足球，受制于场地等现实因素，对于大多数业余爱好者来说，如果自己水平过高、过低，很难寻找到与自己实力相近的对手，故而很难体会到竞技的娱乐性。即便是水平一般的竞技者，在有选择的情况下，也更偏向于选择自己熟悉的玩家而不是随机匹配陌生玩家。

图 1-10 所示为《英雄联盟》的玩家段位分布情况。

从图 1-10 中可以看出，由弱到强依次为黑铁、青铜、白银、黄金、铂金、钻石、大师、宗师、王者。即便玩家段位是图中所示的 0.01% 的王者，通过系统匹配，也经常可以在 20 分钟以内匹配到实力相近的对手。这正是电子竞技娱乐相比于传统的竞技娱乐最为突出的优点之一。（注：由于四舍五入的原因，图 1-10 中所示的各段位的占比数总计为 99.99%。）

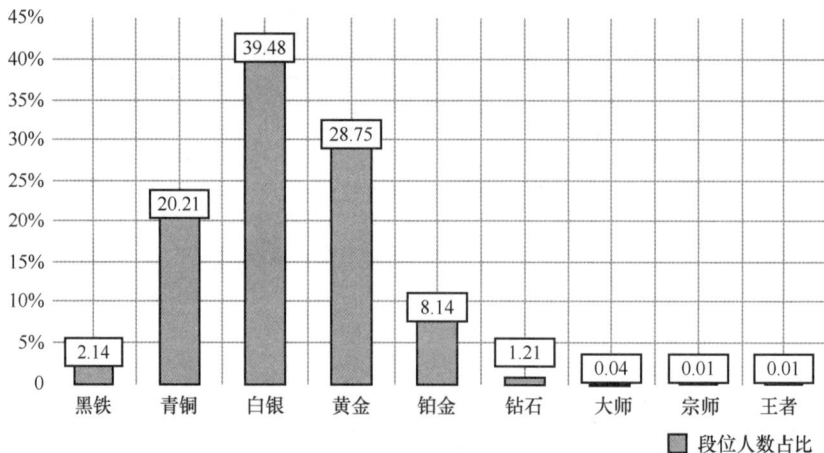

图 1-10

而且，相比于其他方式的娱乐，电子竞技的娱乐成本很低，如图 1-11 所示。

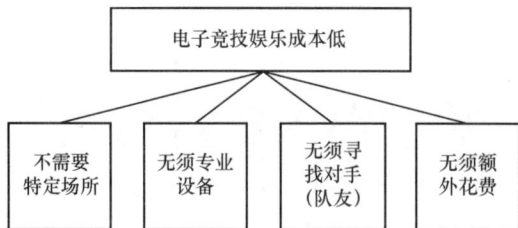

图 1-11

以电子竞技作为娱乐，几乎不需要付出额外的成本。电子竞技所需的工具，例如手机、计算机及其他网络设备，对于大多数人而言，即使不进行电子竞技娱乐，也是作为日常工具使用的。所以，综合而言，电子竞技娱乐可以说是成本较低的互动性娱乐。表 1-5 所示为竞技娱乐的匹配模式所消耗的成本。

表 1-5　竞技娱乐的匹配模式所消耗的成本

成本类型	传统竞技娱乐	电子竞技娱乐
水平相近的对手	自行匹配、寻找	系统匹配
竞技场地	租借、寻找	几乎不需要
前往时间	相对较长	相对较短
所采用规则	根据地域、场地的不同而有所变化	同款电子竞技娱乐在全球范围内基本一样
裁判	自行寻找	系统自行判定 在极端情况下会出现漏洞
提升空间 （从业余到职业）	相对困难，除非被教练发现 需要参加一定数量的正规比赛	有相对完善的排位系统 有实力的业余玩家也可以和职业玩家比赛，进而获得关注
转换难度 （从一项竞技娱乐转向另一项竞技娱乐）	极难 不同传统竞技娱乐侧重点不同	相对容易 在不跨类型转换的情况下，上手速度相对较快
考验侧重点	体能、肌肉记忆等	反应速度、意识、决策等

1.1.5　电子竞技产业发展趋势

1. 趋势一：由成长期进入成熟期

一般情况下，常规产业生命周期如图 1-12 所示。

2018 年之后，电子竞技产业的产业规模、玩家数量、观看人数等的增长速度明显放缓。其中较为明显的一个例子就是玩家数量（也就是常规意义上的用户数量）无明显增长，这就表明，有兴趣尝试电子竞技的人基本已经加入其中，而没有参与的人则基本对电子竞技不感兴趣，且接下来加入其中的可能性较低。总体而言，电子竞技产业由成长期进入了成熟期。

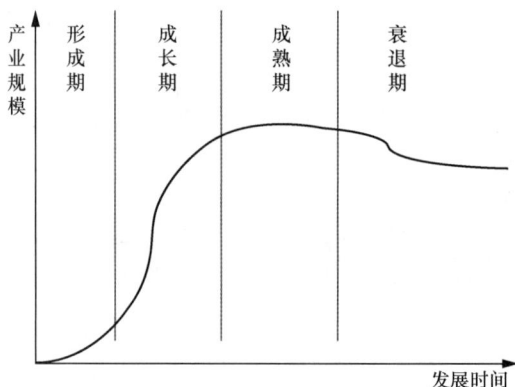

图 1-12

由于产业规模基本稳定，电子竞技产业运作将会更加细致，规章制度也会得到相应的完善。腾讯电竞早在 2017 年 12 月就发布了《腾讯 2018 电子竞技运动标准》，试图对电子竞技各项指标、规则等进行规范。

2. 趋势二：地域化

无论是地方政府还是游戏俱乐部，大多数会大力推行电子竞技与地方特征相结合。

游戏俱乐部希望通过地域化的方式，更加有效地开发当地粉丝资源，增强粉丝黏性，使粉丝有归属感。这样其可以融入当地文化，铸造城市荣誉感，在取得成绩时获得更大收益。即便成绩有所波动，也因为能更好地经营地域粉丝，所以不会有太多粉丝流失。

对地方政府而言，一线俱乐部的落户在一定程度上可以形成"地标性建筑"般的效应，其不仅具有文化属性，还可以不断吸引更多人的关注，更好地刺激当地经济的发展。图 1-13 所示为完美世界电竞举办的城市挑战赛海报。

电子竞技存在特殊性，基本不受场地等线下因素的影响，这在一定程度上使得电子竞技比赛举办城市更容易实现城市文化输出。

图 1-13

3. 趋势三：资源集中

电子竞技的资源集中趋势主要体现在官方（游戏开发商）和非官方两个层面。

在官方层面，由于游戏开发商具有游戏的一系列相关权利，所以当产业处于成长期，需努力做大市场时，其能和一些非官方渠道处于合作共赢的理想状态，而进入成熟期后，市场有限，游戏开发商极有可能利用其权利，挤压非官方渠道。

LOL 盒子就有过类似经历。LOL 盒子是多玩游戏网为提高《英雄联盟》玩家的游戏乐趣而设计开发的第三方辅助软件，几乎是早期所有《英雄联盟》玩家的必备软件。

由于 LOL 盒子的主要功能是提供无限视距和提供免费皮肤（提供无限视距破坏游戏平衡，提供免费皮肤损害官方利益），因此 LOL 盒子被游戏开发商官方定义为"第三方插件"，玩家安装 LOL 盒子被直接检测到甚至有被封号的危险，这极大地打击了 LOL 盒子。

在非官方层面，由于观众的数量和注意力是有限的，在考虑到赛事必须要有一定话题性的前提下，大部分观众的注意力很容易集中在自己喜爱的电子竞技比赛中的顶尖选手（战队、俱乐部）身上。同样，媒体和赞助商等投资者考虑到投资回报、性价比等因素，也会选择顶尖选手加入赛事。这就导致了电子竞技产业内部的资源越发集中。

这种趋势虽然能够刺激相关从业者的进取心，但资源过度集中，容易导致盛名之下其实难副的情况，甚至出现挤压新生力量的不利局面。

1.1.6　电子竞技赛事循环赛制

循环赛制是体育比赛中常用的竞赛组织方法，包括单循环、双循环和分组循环三种。

在电子竞技循环赛中，每个战队（选手）都能和其他战队比赛一次或两次，最后按积分（净胜分数）计算名次。这种竞赛方法比较合理、客观和公平，有利于各战队相互学习和交流经验。

循环赛各参赛战队的名次需在整个比赛结束、统计各自的积分后才能最终全部确定，所以一旦开赛就不再增减参赛战队，否则会影响各参赛战队的成绩。另外，循环赛的每一场比赛除了影响比赛双方的名次以外，还可能影响第三方的名次，这容易导致破坏比赛公平公正的情况出现。

在参赛战队比较少，场地和时间都不受限的情况下，一般采用单循环或双循环赛制。在参赛战队较多、场地和时间受限制的情况下，则采用分组循环赛制，且分组越多，比赛时间越短。

1. 单循环赛制

单循环赛制是指所有参赛战队在竞赛中均能相遇一次，最后按各战队在竞赛中的积分来排列名次。单循环赛制一般在参赛战队不多，且有足够的竞赛时间时采用。由于参加竞赛的各战队之间都有相遇的机会，因此单循环赛制是一种比较公平合理的比赛制度。

假设有 8 支战队参加电子竞技比赛，分别编号为 1、2、3、4、5、6、7 和 8，比赛分为七轮，比赛对阵顺序如表 1-6 所示。

表1-6　8支战队参赛的单循环赛制比赛对阵顺序

第一轮	第二轮	第三轮	第四轮	第五轮	第六轮	第七轮
1-2	1-3	1-4	1-5	1-6	1-7	1-8
8-3	2-4	3-5	4-6	5-7	6-8	7-2
7-4	8-5	2-6	3-7	4-8	5-2	6-3
6-5	7-6	8-7	2-8	3-2	4-3	5-4

由于单循环赛制中战队只需要相对简单地轮流进行比赛，取得积分，便可以获得最终名次，所以又被称为积分制。

2. 双循环赛制

双循环赛制是指所有参加比赛的战队均能相遇两次，最后按各战队在两个循环全部比赛中的积分排列名次。

参赛战队少或者为创造更多的比赛机会时，通常采用双循环赛制。双循环赛制比赛的场次是单循环赛制比赛的两倍。若有 7 支战队参加比赛，分别编号为 1 ～ 7，比赛对阵顺序如表 1-7 所示。

表1-7　7支队伍参赛的双循环赛制比赛对阵顺序

双循环	1	2	3	4	5	6	7
1		1-2	1-3	1-4	1-5	1-6	1-7
2	2-1		2-3	2-4	2-5	2-6	2-7

续表

双循环	1	2	3	4	5	6	7
3	3-1	3-2		3-4	3-5	3-6	3-7
4	4-1	4-2	4-3		4-5	4-6	4-7
5	5-1	5-2	5-3	5-4		5-6	5-7
6	6-1	6-2	6-3	6-4	6-5		6-7
7	7-1	7-2	7-3	7-4	7-5	7-6	

　　双循环赛制的优点和单循环赛制几乎一样，都是定下顺序之后就可以进行比赛，根据积分来决定最终名次。但其缺点则是缺少了半决赛、决赛这类具有竞争性与话题性、看点极多的对局；同时在某些极端情况下容易出现"前半段比赛输赢无所谓，后半段比赛每局都是生死局"的尴尬局面，无论是对于观众还是对于选手来说，都极容易过度消耗热情与激情。

课堂互动环节五

　　请论述双循环赛制的主要优缺点。

3. 分组循环赛制

　　分组循环赛制是指当参赛战队比较多时，通过分组的方法在各组内实行单循环赛制或双循环赛制。一般先确定种子队，然后将其分入各组，以免种子队集中。

　　一般情况下，由于分组循环赛制相比于常规循环赛制所消耗的时间更长和投入成本更大，所以只有在比赛有一定规模、知名度和目的时才推荐使用。同时，要确保根据种子队分组时，每组战队实力差距不会过大；保证随着赛程的推进，比赛水平逐步升级，比赛越打越紧张、激烈，最终在决赛迎来高潮。这不仅要求策划方对参赛战队有深入了解，也要求策划方对整个赛事的走向有较强的预估和掌控能力。

1.1.7 电子竞技赛事淘汰赛制

淘汰赛制是电子竞技赛事常用的赛制。淘汰赛制中的参赛战队（选手）在输掉一定场数的比赛后，会丧失争夺冠军的机会。常见的淘汰赛制是单败淘汰赛制，参赛战队必须在每一场比赛中都获胜才能获得冠军。此外，还有双败淘汰赛制和三败淘汰赛制，参赛战队分别最多可以输掉 2 场和 3 场比赛。

淘汰赛制通常会设种子或排名制度，以避免水平较高的参赛战队过早相遇。因此，实力最强的参赛战队有很大机会在决赛相遇。

1. 单败淘汰赛制

在单败淘汰赛制中，每场比赛的负方与竞赛的冠军无缘，但不表示负方不再进行比赛，部分竞赛的负方仍须为排名而继续比赛。

假设有 8 支战队参加比赛，单败淘汰赛制就是把这 8 支战队分为 4 组，每组进行一轮比赛，负方出局，多次淘汰后剩下 2 支战队进入决赛。由于单败淘汰赛制竞赛的负方会出局，所以竞争十分激烈。除最终的排位安慰赛外，淘汰赛的每一轮都很关键。

单败淘汰赛制可以在短时间内容纳大量参赛战队，所以常被很多竞赛采用。

若有 8 支战队参加比赛，分别编码为 A ～ H，比赛分为四轮进行，比赛对阵顺序如图 1-14 所示。

2. 双败淘汰赛制

与单败淘汰赛制输掉一场即被淘汰不同，在双败淘汰赛制下参赛战队在输掉两场比赛后才丧失争夺冠军的机会。

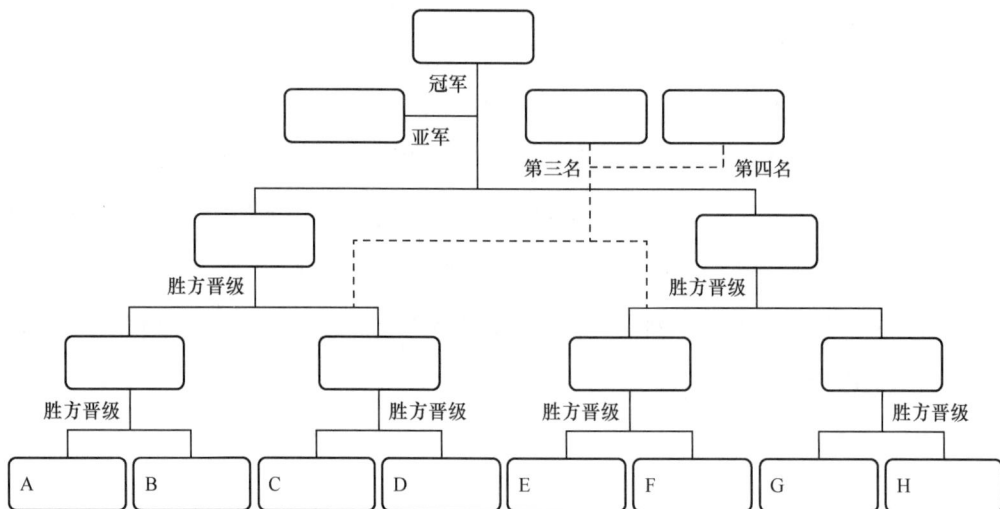

图 1-14

双败淘汰赛制的比赛一般分两个组进行，即胜者组与负者组。在第一轮比赛后，获胜者编入胜者组、失败者编入负者组，继续比赛。之后的每一轮，在负者组中的失败者将被淘汰；胜者组的情况类似，只是失败者仅被淘汰出胜者组，编入负者组，在负者组中再次失败（即总共有两次失败机会）后被最终淘汰。

若有 8 支战队参加比赛，分别编号为 1 ～ 8，比赛分组为 A ～ O，比赛对阵顺序如图 1-15 所示。

3. 三败淘汰赛制

三败淘汰赛制的规则和双败淘汰赛制类似，只是参赛者输掉三场比赛后才会丧失获得冠军的可能性。虽然三败淘汰赛制可以进一步提升强力队伍的容错率，降低"爆冷"概率，但该优点综合赛制同样拥有，且后者更具有观赏性，所以在实际的比赛中，较少出现三败淘汰赛。

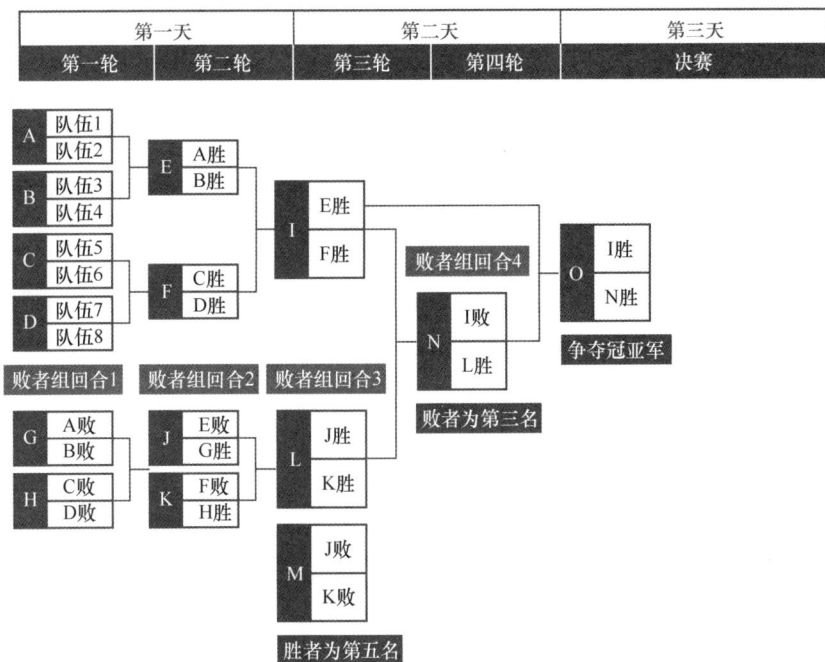

图 1-15

1.1.8 电子竞技赛事其他赛制

1. 征服赛制

征服赛制是暴雪娱乐于 2015 年公布的《炉石传说》正式比赛的赛制。在该比赛中，参赛双方需预先准备若干套卡组进行一一对战，获胜方的卡组不可再次使用，必须更换，失败方可以选择更换卡组或不更换卡组，直到一方的所有卡组均取得过至少一次胜利，那么该方将获得本次比赛的胜利。

获胜方必须换卡组这一设定保证了不会出现其他赛制中"一穿三"（用 1 套卡组连续击败 3 套卡组）的场面，选手想获得比赛的最终胜利就要保证在自己选择的 5 套卡组里起码有 3 套是有把握的，这样也能使比赛更有战略性看点。同时为了防止被对手针对，高手们会开发平常看不到的技巧和战术，可以促进游戏流派的多样化。

2. KOF 赛制

KOF 赛制是指在电子竞技比赛中，两队轮番派人上阵较量，输者离场，换队内其他人上阵，直至某队无人可上为止，从而分出胜负。

KOF 赛制脱胎于《拳皇》，有较多的其他游戏竞赛应用案例，实战经验积累较多。在使用 KOF 赛制的《炉石传说》的比赛中，对于选手来说，只要不是 3 套卡组都被针对，就很容易获得胜利，因此选手可以使用自己擅长的卡组进行对战。

3. 瑞士制

瑞士制一般是随机公平地编排第一轮比赛（一般由抽签决定），当一轮比赛结束后，可以得到所有比赛选手的总积分，然后把比赛选手按总积分由高到低进行排序，接着高分选手与高分选手进行比赛，低分选手与低分选手进行比赛，比赛过的选手在后面的轮次中不会相遇，如此循环，直到所有轮次结束。

4. 综合赛制

在实际的电子竞技赛事中，采用的往往不是单一赛制，而是多种赛制的融合。

在国内的电子竞技赛事中，常规赛通常采用小组（大组）积分赛；季后赛常采用冒泡赛（比赛中的前几名已经确定进入半决赛，后几名为了争取半决赛资格进行比赛的方式。比赛方式是最后一名由下而上依次对上一名进行挑战，形如水中冒泡，因此称为冒泡赛）或者双败淘汰赛制。综合性的电子竞技大赛及杯赛通常采用小组积分赛＋单败淘汰赛制。

在主办方及裁判组选择赛制时，应考虑以下因素：比赛的周期及时长、游戏的竞技对抗形式、游戏的种类及参赛选手规模、直播时间段及赛前准备时间等。

　　从 1.1 节中大家可以了解到电子竞技赛事概况、基本规划，电子竞技产业概况及其蓬勃发展的必然性与发展趋势，以及电子竞技赛事循环、淘汰赛制及其他赛制。为了帮助大家更加熟练、灵活地运用以上知识，请完成接下来的两个任务。希望大家跟随指引，完成任务，以加强对电子竞技赛事的初步工作、不同赛制的了解和把握。

1.2　任务 1　完成电子竞技赛事的初步工作

　　电子竞技赛事想要顺利举办并不容易，许多决定都是幕后工作者多次斟酌之后做出的。在本节中，大家要完成赛事工作中两个初级的任务：撰写赛事日程安排表与了解不同岗位的职能。只有完成了这些，大家才可以进行更加细致的赛事策划。

任务要求

① 掌握电子竞技赛事初步的日程安排；

② 明白电子竞技赛事日程安排的意义；

③ 初步了解电子竞技赛事不同岗位的职能。

1.2.1　子任务 1：编制电子竞技赛事日程安排表

➤ 任务背景

张三是电子竞技赛事策划公司新入职的一名员工。上司要求他撰写某校级电子竞技赛事规划书的一部分——日程安排表，其内容包括但不限于报名时间、海选时间、比赛时间、决赛时间等。

▷ 任务操作

电子竞技赛事的日程安排不是仅确定比赛时间，还要根据比赛目的、参赛选手、观众的不同，充分考虑不同因素。如果参赛的是业余爱好者，则应该给予参赛选手尽可能多的准备时间；如果参赛的是职业选手，则应该主动联络，早日确定参赛选手，以方便后续宣传工作的开展。

结合提示，编制一份以学生为受众主体的某校级电子竞技赛事日程安排表，示例见表1-8。

表1-8　某校级电子竞技赛事日程安排表

内容	日期 / 时间	提示
报名		结合学生情况，挑选一个相对较为空闲的时间段 开学初和临近期末时学生都较为繁忙，不宜在此时进行比赛
初赛		预计报名队伍数量（或者限制报名队伍数量），结合设备、工作人员等因素，确定一个时间段
复赛		通过大规模的线上初赛之后，复赛一般为线下模式，并需要一定的休息时间
决赛		作为比赛的高潮部分，应该尽可能避免与某些节假日、活动冲突
具体比赛安排		结合学生情况安排具体的比赛时间，充分考虑学生上课、自习等客观因素
其他		给相关环节，包括设备调试、工作人员培训、赛场布置等预留时间

1.2.2　子任务 2：了解电子竞技赛事中不同工作岗位的职能

▷ 任务背景

李四一直对电子竞技行业充满兴趣，希望毕业后可以投身其中。由于与电子竞技赛事相关的工作岗位很多，为了以后找到心仪的工作，李四打算现在开始好好了解一下电子竞技赛事中不同岗位的职能。

➢ 任务操作

一场电子竞技赛事的成功举办，绝对不是单单依靠聚光灯下的角色就可以做到的。所以，大家不仅要了解电子竞技赛事中有哪些岗位，也需要掌握其基本的工作内容和完成工作应具备的基本技能。

请认真思考，查阅资料，完成表 1-9 的填写。

表 1-9　电子竞技赛事常见工作岗位以及相关内容

工作岗位	工作内容	工作要求	所需技能
赛事执行			
裁判			
导播			
运营			
宣传			

1.2.3　巩固思考练习

① 在校大学生一直都是电子竞技的主要受众之一，但很多针对大学生的比赛都选择将比赛时间定在开学期间而非寒暑假。请问这是为什么？

② 电子竞技赛事有种类繁多的工作岗位，应该如何协调这些岗位之间的关系？

1.3　任务2　选择不同的电子竞技赛制

不同电子竞技比赛有不同的赛制，这些赛制有着各自的优点和缺点。为了给观众带来更好的观赛体验，让职业选手水平得到充分发挥、更好地进行比赛，选择合理的赛制非常重要。

任务要求

① 了解常见的电子竞技赛制；

② 掌握如何选择电子竞技赛制；

③ 重点掌握淘汰赛制的赛事规划方法。

1.3.1　子任务 1：了解常见的电子竞技赛制

➢ 任务背景

王五是一名电子竞技爱好者，经常关注各种电子竞技比赛，可他经常被不同的赛制绕晕。所以他特意找到了你，希望你能为他讲解一下不同电子竞技赛制的区别。

➢ 任务操作

不仅是不同的电子竞技赛事采用不同的赛制，同一电子竞技赛事随着进行阶段的不同，很多时候也会采用不同的赛制，从而更加充分地利用不同赛制的优点，规避其缺点。

根据所学知识并查阅相关资料，完成表 1-10 的填写。

表 1-10　电子竞技常见赛制的名称、优点、缺点和代表比赛

赛制名称	优点	缺点	代表比赛
淘汰赛制			
循环赛制			
邀请赛制			

续表

赛制名称	优点	缺点	代表比赛
征服赛制			
KOF 赛制			

1.3.2　子任务 2：选择合适的电子竞技赛制

➤ 任务背景

赵六是新加入电子竞技赛事策划公司的一名员工，其对电子竞技和相关赛事了解甚少，工作效率较低。你作为他的导师，需要指导他根据不同赛事情况，选择不同的赛制。

➤ 任务操作

由于赛事的目的、时间、条件不同，往往需要采用不同的赛制。选择合适的赛制，往往能够收到事半功倍的效果。请根据表 1-11 中已提供的信息，选择一种或几种赛制，并说明理由。

表 1-11　赛事信息以及对应赛制

赛事信息	赛制	理由
某计算机硬件厂商为了宣传其产品而举办的电子竞技表演赛		
某校举办的校园电子竞技比赛		
某人气极高的电子竞技游戏的开发公司举办的全球赛事		
某公司以团建为目的而举办的内部电子竞技赛事		
某款新电子竞技游戏（尚未流行）官方举办的电子竞技赛事		

1.3.3　巩固思考练习

① 一场电子竞技赛事，有时会根据比赛进度变换赛制，请问这是为什么？

② 尝试做出 16 支队伍的双败淘汰赛制比赛对阵顺序示意图。

附件一：电子竞技赛事规划书

某校"××杯"电子竞技大赛相关安排与规则

一、总体日程安排

10 月 24 日至 10 月 31 日	专业内报名
11 月 1 日至 11 月 14 日	全校报名（12 支队伍，报满即止）
11 月 8 日、14 日、15 日	设备调试以及赛事流程预演
11 月 21 日	12 进 6
11 月 22 日	6 进 3
11 月 28 日	半决赛
11 月 29 日	决赛

二、赛事日程安排

赛事日程安排如图 1-16 所示。

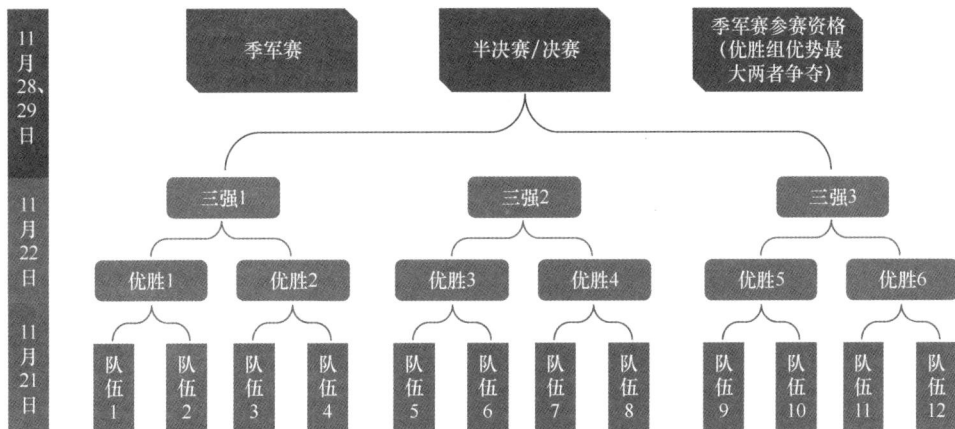

图 1-16

三、赛事结构与安排

① 第一轮比赛（12 进 6），抽签决定比赛场次，进行单场胜负制（BO1）比赛。预计进行 6 场比赛，一天内可以完成。

② 第二轮比赛（6 进 3），依照已经确定的场次，进行三局两胜制（BO3）比赛。预计进行 6 ~ 9 场比赛，可于一天内完成。

③ 第三轮比赛（半决赛），抽签决定比赛场次，进行五局三胜制（BO5）比赛，预计进行 2 场比赛。

④ 第四轮比赛（决赛），依照已经确定的场次，进行五局三胜制（BO5）比赛，预计进行 1 场比赛。

附件二：电子竞技赛事参赛选手相关规则

参赛选手相关规则

一、犯规

（一）技术犯规

① 使用未经赛事组委会批准的软件、硬件、参数进行比赛；

② 比赛中故意利用软件本身存在的漏洞；

③ 蓄意制造断线、死机；

④ 攻击服务器或对手比赛用机；

⑤ 其他造成比赛中止的恶意行为。

（二）各比赛项目细则中规定的其他犯规行为

二、判罚

（一）选手在比赛中若有如下行为，根据裁判组意见，最低给予一次警告处分

① 选手在比赛中不听从裁判指挥；

② 选手携带与比赛无关的物品进入比赛场地；

③ 选手本队教练、未上场队友未经允许在比赛中进入比赛场地；

④ 选手未经允许在比赛中以任何方式与场外人员进行交流；

⑤ 选手未按照要求使用外置设备、调试参数；

⑥ 选手在比赛中有不文明语言、行为；

⑦ 选手在休息时间结束后未按时返回赛场；

⑧ 选手通过不正当手段获取对手比赛信息；

⑨ 选手有各比赛项目细则中明确规定的犯规行为；

⑩ 选手存在故意放水、拖延比赛，或有羞辱对方选手的倾向，且无法给予合理解释；

⑪ 选手未遵循选手礼仪，或给赛事带来不良影响。

（二）选手在比赛中若有如下行为，将被直接判负

① 选手在一场比赛中累计受到三次警告处分；

② 选手使用未经赛事组委会批准的软件、硬件、参数进行比赛；

③ 选手在比赛中故意利用软件本身存在的漏洞；

④ 选手蓄意制造断线、死机；

⑤ 选手有其他造成比赛中止的恶意行为；

⑥ 选手以任何手段干扰对手比赛；

⑦ 选手有各比赛项目细则中明确规定的犯规行为。

（三）选手在比赛中若有如下行为，将取消其比赛资格

① 选手在比赛过程中累计两场被直接判负；

② 选手在比赛期间弃权、中途退出比赛；

③ 选手在比赛期间蓄意煽动观众、队友扰乱比赛秩序；

④ 选手在比赛中使用任意手段攻击服务器或对手比赛用机；

⑤ 选手在比赛期间辱骂、恐吓、殴打裁判、其他选手及观众；

⑥ 选手冒名顶替他人或请他人顶替自己参加比赛；

⑦ 选手在参赛期间触犯法律；

⑧ 总裁判长认定的可取消选手比赛资格的行为；

⑨ 各比赛项目细则中明确规定的犯规行为。

特别说明：选手被直接判负及取消比赛资格等判罚，须经总裁判长签字后方能生效；其他判罚则须由裁判组全体成员签字后方能生效。

三、补充说明

学校官方赛事工作组可以随时对此规则进行修订、改动或者补充，旨在确保本赛事的公平及完整。

学习单元 2

电子竞技赛事观察者基础

单元概述

本单元主要面向的工作领域是电子竞技赛事观察，主要介绍电子竞技主流项目及相应的赛事体系，以及不同项目、不同平台的 OB 操作等。本单元包括两个学习任务，分别为完成 MOBA 项目的 OB 工作和完成 FPS 项目的 OB 工作，通过模拟实际操作来强化相应的技能，尤其是对不同项目、不同平台 OB 操作的了解和把握。

知识目标

了解主流项目及相应的赛事体系的概况；

了解主流项目观察者的概况；

对主流项目赛事节奏有较强的理解，并对精彩镜头有较强的预测能力。

技能目标

能够根据不同项目需求，完成 OB 操作；

能够根据不同平台需求，完成 OB 操作；

具备合作意识，能够根据反馈信息优化比赛画面的捕捉。

2.1 基础知识

电子竞技是基于电子游戏进行的，因此主流的电子竞技项目正是目前全球范围内非常流行的电子游戏，其具备深厚的玩家基础，更容易实现赛事化、商业化甚至体育化。但并不是每一款热门游戏都能成为电子竞技项目，热门游戏除了本身具有高度的可玩性、娱乐性以外，还应具备一定的竞技性才能成为电子竞技项目。

脱胎于电子游戏的电子竞技，具备和电子游戏相同的快速迭代的特点。因此，从电子竞技概念诞生以来，伴随着热门游戏的变更，电子竞技的主流项目也在不断变化。我国电子竞技运动出现至今已经有 20 年左右，经历了从《星际争霸》的萌芽阶段到《魔兽争霸Ⅲ》的发展，再到目前《英雄联盟》《王者荣耀》《反恐精英：全球攻势》等项目发展良好的黄金时期。

2.1.1 电子竞技主流项目

目前来说，电子竞技运动在全球已经发展了相当长一段时间。通过多年的发展，广大玩家和观众逐渐养成了观看电子竞技赛事的习惯，但赛事主要集中于几大游戏项目，下面将按照项目类别一一进行介绍。

1. 即时战略项目

即时战略（Real-Time Strategy，RTS）游戏是战略游戏的一种，是在游戏过程中，参与游戏的各方同时进行、展开合作或者对抗的战略推演游戏。相较于回合制游戏，即时战略游戏更强调临场的战略推演，而非具体的游戏行为。

《星际争霸Ⅱ》是该类项目的经典之作，其前作《星际争霸》更是我国电子竞技运动萌芽阶段的主要项目。亚洲奥林匹克理事会公布的第 18 届亚洲运动会的电子体育比赛项目中就包含了《星际争霸Ⅱ》。《魔兽争霸Ⅲ》也是即时战略项目的经典之作，《魔兽争霸Ⅲ》与《星际争霸Ⅱ》的区别主要在于，《魔兽争霸Ⅲ》更强调玩家控制战斗单位，《星际争霸Ⅱ》则更强调玩家生产战斗单位。

早期所有的电子竞技赛事以第三方赛事为主。第三方赛事是由游戏开发商或者运营商之外的第三方组织举办的电子竞技赛事，是具有游戏（电子竞技）项目的版权（授权）的相关方，而并非版权所有方举办的电子竞技赛事。《星际争霸Ⅱ》在多项第三方赛事中被列为主要的竞赛项目。2017 年，《星际争霸Ⅱ》的赛事可分为暴雪星际战网世界锦标赛系列赛（World Championship Series，WCS）体系下的比赛和非 WCS 体系下的比赛。直到 2020 年，暴雪发布了《星际争霸Ⅱ》电子竞技计划，取消了世界锦标赛，开展电子竞技联盟（Electronic Sports League，ESL）大师赛。从那时起，《星际争霸Ⅱ》的赛事体系主要分为两个部分，即国际性赛事"ESL 大师赛"和地区性赛事"黄金战队联赛"。

在 ESL 大师赛中，各地区会举办预选赛，以选拔出优秀的选手参加 ESL 大师赛分站赛。地区性赛事黄金战队联赛分为常规赛和季后赛两个赛段，在常规赛中各战队进行循环积分赛，最终积分排名前五的队伍将晋级季后赛，《星际争霸Ⅱ》的黄金战队联赛季后赛包括全明星赛和战队赛，如图 2-1 所示。其中全明星赛将由 5+3 名选手参赛，5 名选手由晋级季后赛的 5 个俱乐部推荐，每个俱乐部 1 个名额，另外 3 个名额则由黄金战队联赛积分最高的 3 位选手获得。战队赛使用冒泡赛的赛制，从积分排名第五的战队依次向上挑战进行比赛，直至决出冠军战队。

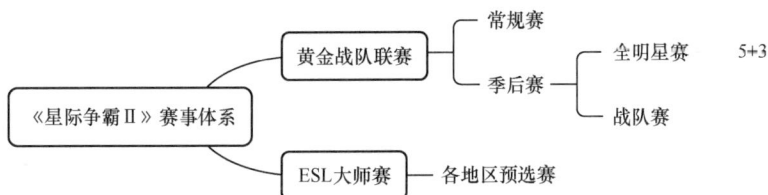

图 2-1

2. 多人在线战术竞技项目

多人在线战术竞技（Multiplayer Online Battle Arena，MOBA）游戏起源于即时战略游戏，游戏中每位玩家主要操纵一个角色与敌方进行对抗。相比于即时战略项目大规模的军团战，MOBA 项目更加注重对单一角色的控制，以通过个人操作以及团队配合来摧毁对手主要建筑物作为游戏目标。

MOBA 项目具备四个基本特点。

① 以摧毁敌方主要建筑物为游戏目标。

② 一般为 5 vs. 5 的对战形式。

③ 对战地点为固定的游戏地图，地图一般为正方形，有三条线路连接双方的基地。

④ 玩家进行公平的对战，在开始比赛前双方均不具备任何资源，对战资源能且只能在游戏开始后获得。

MOBA 项目经典地图简化示意图如图 2-2 所示。玩家所操控的英雄（角色）从各自基地出发，根据队伍分工不同选择不同的路线作为自己的主要战场。以河道和中路进行划分，整个战场可划分出四块野区。野区中存在大量的中立资源，一般队伍中会有一名玩家在野区进行发育，称为打野玩家。打野玩家不同于线上玩家的是，其大部分时间处于机动状态，可根据场上的局势随时调整自己的位置，可以对敌方线上玩家发起突袭或者保护己方线上玩家。图中所示的红色方基地、蓝色方基地代表红、蓝色方的大本营，己方基地是己方玩家必须全力保护、敌方玩家会全力攻破的地点。一旦一方基地被攻破，则宣告该方在本场游戏中失败。

DOTA 地图模型如图 2-3 所示。DOTA 地图在 MOBA 项目经典地图的基础上，丰富了游戏场景，增加了墙壁、草丛等元素。不同的地形对玩家所操控的英雄及其技能释放效果有不同的影响，增加了游戏的可玩性。

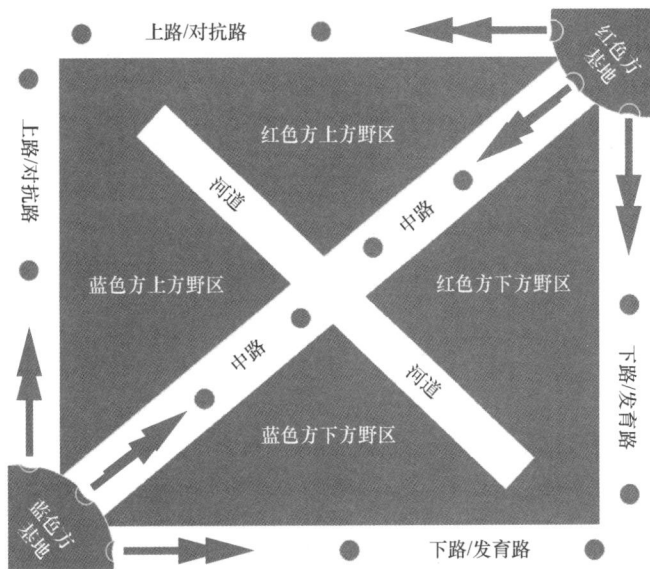

图 2-2

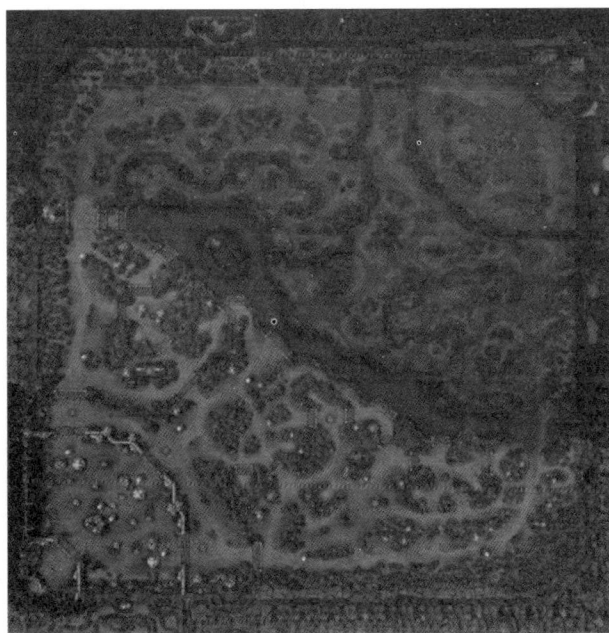

图 2-3

MOBA 游戏具有极强的竞技性及观赏性，一般为 5 vs. 5 的对战形式，不局限于单兵作战，而是追求团队协作。MOBA 游戏中团队配合比玩家个人技术更受重视，从而广受玩家喜爱，也因此具备了深厚的玩家基础，成了目前全球电子竞技运动中的核心项目。无论是在 PC（Personal Computers，个人计算机）端玩的《英雄联盟》、DOTA2，还是在移动设备端玩的《王者荣耀》，都是 MOBA 游戏。《英雄联盟》、DOTA2 不仅在国内拥有极高的热度，在世界范围内也是玩家数量处于第一梯队的热门游戏，其相应的赛事也极具影响力。

以游戏公司拳头游戏 2009 年推出的《英雄联盟》来说，发展至今，《英雄联盟》赛事可分为国际性赛事和地区性赛事，如图 2-4 所示。国际性赛事包括被玩家熟知的每年一度的 S 系列赛，全称为英雄联盟全球总决赛。英雄联盟全球总决赛由各赛区中脱颖而出的代表队参加，是代表全年最高对抗水平的赛事，也是选手、俱乐部以及一般玩家十分期待的赛事。除了 S 系列赛以外，《英雄联盟》的国际性赛事还包括由拳头游戏于 2015 年推出的英雄联盟季中冠军赛，由每个赛区春季赛的冠军代表赛区出战，进行赛区间的交流及对抗。S 系列赛和季中冠军赛都是对抗性、竞技性极强的赛事。除了以上两项赛事以外，每年年底的时候还有氛围更轻松、更具娱乐性的全明星赛，参赛选手由玩家、媒体投票以及官方邀请的形式决定。

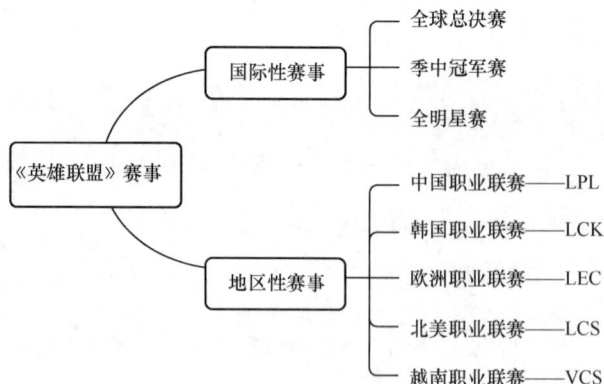

图 2-4

除了国际性赛事外，不同地区还有着自己的《英雄联盟》职业联赛，比如我国的LPL、韩国的 LCK、欧洲的 LEC、北美的 LCS、越南的 VCS 等。LPL 每年会有春、夏两个赛季，春季赛冠军可以参加季中冠军赛并获得高额的全年积分，夏季赛冠军将作为 LPL 赛区一号种子战队直通万众瞩目的 S 系列赛。每个赛季会根据最终排名发放积分，除去夏季赛冠军战队，全年积分最高的战队将成为二号种子战队出征 S 系列赛。剩下的种子战队将在夏季赛季后赛结束后的地区资格赛（即冒泡赛）中决出。

经过多年的发展，《英雄联盟》在我国除了 LPL 以外，还拥有各类杯赛以及城市赛，如德玛西亚杯、城市争霸赛等。

3. 第一人称射击项目

相比于战略游戏注重战术，第一人称射击（First-Person Shooter，FPS）游戏能够更加直截了当地将玩家带入战斗场景中进行博弈。与 MOBA 游戏中主流的俯瞰视角不同的是，FPS 游戏基于战斗场景的第一人称视角让游戏效果更加直观。相较于MOBA 游戏，FPS 游戏拥有更加真实、刺激的游戏体验，以及在对抗过程中为了获得胜利能够使用不同的高阶游戏技巧，都是 FPS 游戏在全球范围内拥有大量粉丝的原因，也正是这些因素让 FPS 项目在电子竞技运动中拥有举足轻重的地位。

《反恐精英：全球攻势》是 FPS 项目中的佼佼者。与《英雄联盟》以联赛为主的赛事体系不同的是，《反恐精英：全球攻势》赛事更像传统体育项目中的网球比赛，有杯赛和联赛两类，但其赛事的绝大部分由分散于世界各地的杯赛组成。《反恐精英：全球攻势》的赛事主要分为两大类：一类是由游戏开发商 V 社组织举办的 Major、Minor 等官方赛事；另一类则是由 V 社授权、第三方组织主办或承办的赛事，如 ESL主办的联赛 ESL Pro Leagues 和杯赛 ESL ONE，以及 Star Ladder 的 SLi 群星联赛等。

由 V 社主办的《反恐精英：全球攻势》Major、Minor 系列官方赛事，有一套完整的战队晋级体系，《反恐精英：全球攻势》官方赛事进程如图 2-5 所示。首先，在玩家及战队数量较多的地区举办公开预选赛（Open Qualifier）。因为任何战队都可以通过线上报名的形式参加，公开预选赛的参赛门槛较低，所以参赛战队的水平参差不齐。不过，参加公开预选赛是渴望打出成绩的普通战队迈出的第一步。在公开预选赛后，紧接着就是该地区的封闭预选赛（Closed Qualifier），封闭预选赛参赛战队一般会包括该地区较为知名的一、二线战队，以及从公开预选赛晋级的战队。封闭预选赛结束后，晋级的战队就进入 Minor 赛，即地区预选赛（Regional Minor），在这一轮胜出的战队往往代表了整个地区的最强实力。而在 Minor 赛结束后，会有 24 支战队进入 Major 赛进行对抗。其中上届 Major 赛的前 8 名会成为冠军组战队，上届 Major 赛的第 9 ~ 14 名组成新传奇组，从各赛区 Minor 赛晋级的 10 支战队（四大赛区前 2 名，以及四大赛区决出的并列第 3 名的 2 支战队）组成新挑战组。Major 赛分成三个赛段，各赛段赛制有所不同，新挑战赛（原预赛阶段）和新传奇赛（原小组赛阶段）都采用瑞士制（详见"1.1.8 电子竞技赛事其他赛制"），新冠军赛（原淘汰赛阶段）则主要采用 BO3 单败淘汰赛制，最终的决赛则采用 BO5 进行对抗。

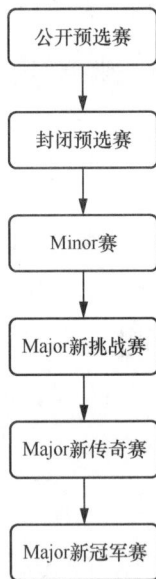

图 2-5

4. 格斗项目

格斗游戏（Fighting Game）在 20 世纪 70 年代末"电子竞技"概念尚未出现时，就已经开始让玩家通过与人对战的形式进行游戏。在该类游戏中，《街头霸王》系列和《拳皇》系列是十分经典的两个游戏系列。

较为出名的赛事有斗剧（Super Battle Opera）和北美格斗游戏比赛 EVO 大赛（全称 Evolution Championship Series）。斗剧由日本游戏杂志《月刊 ARCADIA》在 2002 年 12 月开办，我国选手在 2004 年首次参加该比赛。斗剧一般先在各地区举行赛区淘汰赛，各赛区决出冠军参加全国大赛。全国大赛中，选手通过抽签的方式分组进行对战，逐一淘汰，直至产生全国冠军，如图 2-6 所示。由于种种因素，斗剧于 2013 年宣布无限期停办。

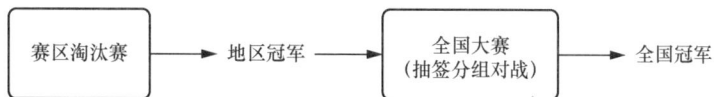

图 2-6

EVO 是世界上规模最大、持续时间最久的格斗游戏比赛之一。赛事前身是 1996 年在美国加利福尼亚州举办的以《街头霸王》系列游戏为主的 Battle by the Bay 赛事，2002 年正式确认名称为 EVO。经过长时间的发展，EVO 项目除了包含格斗游戏中的主流游戏外，还包含很多小众甚至冷门的游戏，比如《口袋妖怪铁拳》《真人快打》等。值得一提的是，我国知名格斗游戏玩家曾卓君在 2016 年的 EVO 赛事上获得了《拳皇 14》和《街头霸王 5》项目的冠军。

5. 集换式卡牌项目

集换式卡牌游戏（Trading Card Game，TCG）是指玩家自由地或者根据赛事规则将在游戏内收集到的卡牌进行组合，以卡组的形式进行 1 vs. 1、2 vs. 2 对战的游戏。目前世界上较为知名的集换式卡牌游戏有《炉石传说》《游戏王：决斗联盟》，以及在国内深受玩家喜爱的《三国杀》系列。

　　《炉石传说》的赛事体系非常完善，其众多的赛事中知名度较高的有黄金联赛、特级大师赛、全民实力赛以及世锦赛等，如图 2-7 所示。2019 年 11 月 3 日，我国女玩家 Liooon 在特级大师赛全球总决赛中，历经多场激战，最终获得了冠军，成为第一个赢得个人赛的国服选手，更是《炉石传说》电子竞技史上第一个获得冠军的女选手，创造了历史！

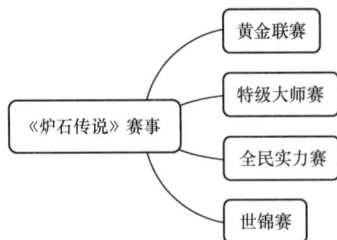

图 2-7

6. 体育模拟项目

　　在目前主流的电子竞技项目中，几乎所有的游戏都有自己独立的地图设计和游戏规则，与现实生活有着极大的差异。但体育模拟游戏不同，该类游戏打破了虚拟和现实的界限，将二者和谐地组合在一起。在体育模拟游戏中，玩家不仅需要具有高超的游戏水平，同时还要对该类体育运动的规则和战术细节有充分的了解。

　　FIFA 系列、NBA 2K 系列和《实况足球》系列都是经典体育模拟游戏，都有着自己的赛事体系。FIFA 赛事体系如图 2-8 所示。FIFA 系列赛事覆盖面较广，除职业联赛外，有由腾讯游戏和中国体育电子竞技联盟主办，主要面向国内顶级足球俱乐部的电子竞技中超联赛，有面向全民玩家的城市冠军赛，以及面向高校学子的校园冠军赛。在世界性赛事中，各国家代表战队需要通过参与 EA 冠军杯赛竞争 FIFA 电子竞技世界杯的名额。EA 冠军杯赛分为小组赛、四分之一决赛、半决赛和决赛四个阶段，在小组赛阶段采用单循环赛制，而进入四分之一决赛后则采用 KOF 赛制。2018 年 11

月 10 日—2018 年 11 月 17 日，在韩国釜山举行的 EA 冠军杯赛 2018 冬季赛中，有来自中国、韩国、越南等 7 个国家的 12 支战队参与，奖金池达 239 000 美元。

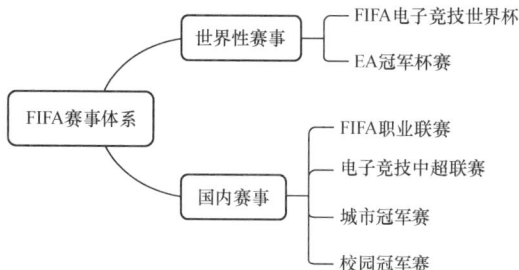

图 2-8

7. 竞速项目

竞速游戏从根源上看，与体育模拟游戏相似，起初都是对现实生活中存在的体育运动项目虚拟化的产物。但随着竞速游戏种类和数量的不断增加，其游戏规则日益完善，竞速游戏最终跳出体育模拟游戏成为 种独立的游戏类型。竞速游戏中较为知名的有《极品飞车》系列、《QQ 飞车》和《跑跑卡丁车》等。

除游戏开发商艺电举办的 EA 杯外，《极品飞车》系列的相关比赛多为第三方组织举办的比赛，如世界电子竞技大赛（World Cyber Games，WCG）。与《极品飞车》系列不同的是，在国内有着极高人气的《QQ 飞车》（移动设备端游戏，一般简称"端游"）拥有非常完善的赛事体系，由 QQ 飞车全国公开赛、QQ 飞车超级联赛（QQ Speed Super Cup，SSC）、谁是车王赛以及 TGA QQ 飞车联赛等组成。

QQ 飞车全国公开赛是《QQ 飞车》游戏开发商官方举办的全国性中高端电子竞技赛事，是参与人次、场次多，范围大，极具群众基础的线下赛事。该赛事将全国划分为东、南、西、北四大赛区，每个赛区首先进行资格测试赛，报名选手在规定时间内跑完任意 5 个主办方指定的地图即可获得正赛参赛资格。随后进行的海选赛将选手随机分组，每组 4 人，进行个人竞速淘汰赛，每组第 1、2 名晋级，第 3、4 名淘汰，最终决出 16 人参加大区赛。通过海选后，各赛区晋级选手需要参加赛区定位赛和积分赛以确定赛区排名，选拔出各赛区 8 强后将进行赛区对抗赛，选手将代表赛区角逐全国 8 强名额，最终晋级全国总决赛。QQ 飞车全国公开赛（正赛）赛程如图 2-9 所示。

分赛区海选赛 → 各赛区16强 → 赛区定位赛和积分赛 → 各赛区8强 → 赛区对抗赛 → 全国8强 → 全国总决赛

图 2-9

2.1.2　电子竞技赛事观察者基础

经常观看电子竞技赛事直播的人，在不同赛事周边节目中经常会听到一个词——OB。大部分与游戏相关的直播和节目都离不开 OB。

OB 到底是什么，能做什么？我们该怎样去了解和学习 OB 的工作内容和操作技巧？

OB 的全称是 observe（观察），当其作为一个职业出现的时候，全称是 observer（观察者），其字面意思正是 OB 的主要工作：观察游戏内容并且进行选择性画面切换。

在观看电子竞技赛事的时候，很多玩家喜欢称呼 OB 为"导播"。其实，两者在电子竞技行业中是两个不同的职业。**导播**是在传统的媒体行业就已经存在的职业，其主要工作内容是在录制过程中对不同的镜头、不同的机位进行选择，并将所选画面输出为最终画面（观众能够看到的画面）。而 OB 的工作内容则是在赛事直播或录播过程中，在游戏内操控镜头，也就是 OB 自己的游戏内视角，对游戏内选手或玩家的行为进行选择和捕捉，让观众看到相应的游戏内容。总而言之，导播需要在游戏镜头、解说镜头及视频短片中进行画面选择并播放，而 OB 则是在赛事中游戏对抗开始后，对游戏内画面进行选择，这也正是 OB 被称为"游戏内导演"的原因。

OB 在电子竞技的职业体系中是特殊且极其重要的技术人员，其操作直接影响整个赛事的播放效果。当电子竞技赛事开始时，赛事解说、观众以及导播所观看到的游戏画面都基于 OB 的视角。通常来说，电子竞技赛事的裁判也需要通过 OB 视角对选手的游戏内行为进行判断。因此，赛事 OB 具备一定的技术水平才能保证赛事播出的质量。

《英雄联盟》、DOTA2 和《反恐精英：全球攻势》等电子竞技主流项目都有非常专业的赛事 OB 团队，尤其是在如今电子竞技赛事传播以直播为主的情况下，赛事对 OB 的要求非常高。在直播过程中，每一场游戏对抗都是独一无二的，一些精彩画面错过后，虽然可以通过回放的形式进行画面补充，但是实时对抗所带来的激情和在结果未知时观众心中的紧张和期待都有所削弱。

因此，一名优秀的赛事 OB 应具备以下几项能力。

1. 优秀的游戏节奏解读能力

现在主流的电子竞技赛事以团队游戏为主，如 MOBA 及 FPS 游戏，这类游戏本身竞技性强、游戏节奏较快，所以往往会在游戏地图上的多个地点同时出现对抗。因此，赛事 OB 对游戏玩法精通、对游戏节奏足够熟悉，才能在赛事直播时保证效果良好。

从图 2-10 可知，一名专业的赛事 OB 本身需要积累足够的游戏时长，主要目的除了明确游戏的基本玩法以外，更重要的是熟悉游戏的对抗节奏以及其他趣味性内容，最终为观众带来极佳的观赛体验。

只有拥有优秀的游戏理解能力的赛事 OB，才能够迅速且准确地判断本场比赛可能会出现激烈对抗的区域，从而更多地将视角集中于该区域，保证精彩镜头的收集。以《英雄联盟》为例，其作为一款经典的 MOBA 游戏，游戏双方主要以摧毁敌方主要建筑物为目标，但是想要取得良好的进攻效果，则需要在地图资源上取得一定优势。线上英雄的主要资源来自系统生成的小兵，击杀小兵（玩家称之为"补刀"）后会获得经验和金币，打野则指在野区进行资源的积累（玩家称之为"刷野"）。双方都需要进行资源的积累，在自己获得地图资源的情况下，也要想方设法地去阻止敌方获得资源，让己方逐渐占据资源优势。因此，我们常常可以看到，线上英雄频繁地利用普通攻击和技能去压制敌方，甚至利用控制技能去影响敌方线上英雄的补刀。而打野英雄也会根据双方英雄的血量情况、站位情况去线上发起突袭或者保护己方的劣势英雄。

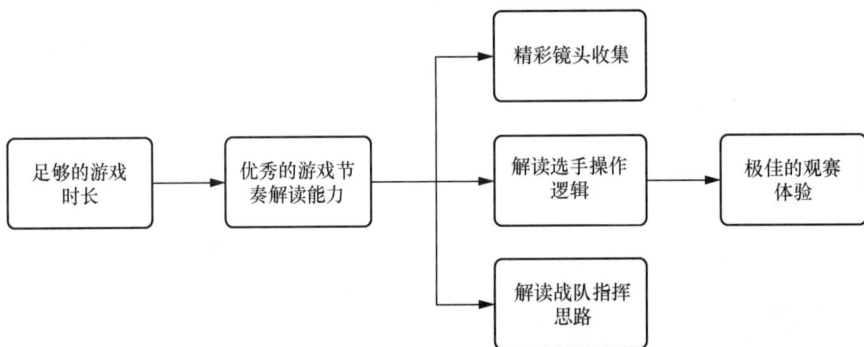

图 2-10

《英雄联盟》游戏中早期打法往往以小规模碰撞为主，线上英雄主要在补刀时发育，如果将 OB 视角锁定于线上英雄，会使画面显得无聊。因此，OB 视角往往会更多地集中于跑图灵活的打野英雄身上，打野英雄往往也是早期对抗的发起者，将 OB 视角集中于打野英雄能保证不会错失精彩的镜头。当然，如果地图中其他区域发生对抗，OB 应该实时将视角切换过去。

对游戏内容的掌握能够帮助赛事 OB 熟悉各战队及选手的比赛风格，并通过游戏内视角的切换帮助观众了解选手的操作逻辑及指挥思路。《英雄联盟》是一款团队游戏，需要游戏双方积累地图资源，每个战队也会根据自己的风格选择不同的英雄。有的战队喜欢可以在低等级发力的前期阵容，有的战队喜欢可以在高等级发力的后期阵容。

如果 OB 对游戏不够熟悉或对游戏进展的理解不够，是没办法做出相应判断的，从而会影响视角的切换和放置。此外，OB 还要注意跟随和解读赛场中选手的操作。选手可能会为了一个地图目标而提前 30 ～ 60 秒跑图以及进行视野布置，如果 OB 没有相应的游戏判断力，会觉得选手的操作无理甚至荒谬，所造成的结果则是错过大量游戏细节，影响观众的观赛体验。

因此，一个专业的赛事 OB 需要具备足够优秀的游戏节奏解读能力。

2. 熟练的 OB 操作能力

当拥有优秀的游戏节奏解读能力后，如何漂亮、快速且精准地进行视角切换就成了 OB 的必修课。

电子竞技赛事中由于各类游戏（以 MOBA 游戏和 FPS 游戏为主）风格不同、竞技模式不同，OB 操作方式也有差异。赛事 OB 的基础操作需求如图 2-11 所示。想要呈现一场精彩的电子竞技赛事，赛事 OB 必须熟练掌握不同项目、不同平台的 OB 操作，以满足观众的观赛需求。

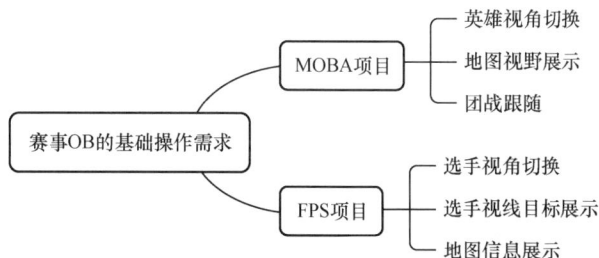

图 2-11

以 MOBA 游戏为例，这类游戏存在着"战争迷雾"这一概念，即在友方单位不存在于某一区域的情况下，团队会丢失该区域的视野，而且一个友方单位所能提供的视野是有一定范围的。职业选手往往会利用视野机制，给自己的团队找到视野盲区的突破口，OB 则可以通过将视角锁定在选手操纵的英雄身上，利用相应的快捷键，如

F1 键（展示蓝色方视野）和 F2 键（展示红色方视野）切换展示该选手在敌方视野中的暴露情况，向观众展示选手的操作细节。

此外，游戏平台分为 PC 端和移动端（以手机端为主）两种，其 OB 快捷操作也存在一定差异。

对于 PC 端，在观战系统中，OB 在按住鼠标中键不放的情况下移动鼠标，游戏视角画面会往鼠标移动的方向移动，鼠标移动得越快，画面移动也越快。这样的操作叫作拖动滚屏。但是在实际的赛事中，OB 按住鼠标中键进行拖动滚屏操作是不现实的，所以需要为拖动滚屏锁定设置快捷键。完成拖动滚屏锁定的快捷键设置后，赛事 OB 在进入游戏后就可以通过快捷键直接锁定拖动滚屏，从而通过移动鼠标来移动画面。在这样的操作方式下，画面镜头的移动会更加平滑、自然。

英雄视角的快速切换可通过游戏中 OB 视角的快捷键实现（以下所有快捷键的键位设备仅供参考）。每一位英雄都应设有对应的快捷键，比如蓝色方队伍从上单、打野、中单、射手到辅助依次为 1、2、3、4、5 键，红色方队伍从上单、打野、中单、射手到辅助依次为 Q、W、E、R、T 键，那么在从蓝色方打野视角切换至红色方中单视角时不需要赛事 OB 拖动鼠标，只需要从 2 键锁定视角转移到 E 键锁定视角即可，高效且快速。

对于移动端，以 MOBA 游戏《王者荣耀》为例，其赛事 OB 的操作相较于 PC 端更加便捷。在《王者荣耀》赛事中，英雄的视角切换可以通过点击英雄头像完成，因为不需要进行快捷键的设置和记忆，出现误操作的可能性更低。

相较于 PC 端的 MOBA 游戏，移动端的《王者荣耀》游戏地图更小，赛事 OB 可以通过地图右上角的视角缩放按钮对 OB 视野进行放大与缩小操作。地图视角的改变可通过拖动屏幕以及点击小地图的方式完成。

《王者荣耀》中红色方、蓝色方的视野都可以在 OB 系统中进行切换，但由于其游戏对抗节奏较快，因此赛事 OB 往往会选择展示双方队伍的游戏内视野，方便观众获取足够多的对局信息。

课堂互动环节一

在进行中的"模拟杯"赛事中,你是赛事 OB 之一。你和团队成员正在进行 OB 操作,此时战局稳定,双方并没有任何对抗的迹象。

你的任务是保证观众获得良好的观赛体验以及地图信息的及时呈现。

【请思考】

(1)此时 OB 视角该怎样切换?

(2)OB 进行画面切换的操作有哪些?

3. 出色的临场应变能力

虽然游戏系统内有自动移动镜头的功能,但是赛事 OB 往往会选择手动方式,也就是通过手动移动镜头观战。使用自动移动镜头功能时,镜头容易跟随战斗热点位置来回切换,导致观众眩晕,而且非常不利于观众获取团队信息。手动移动镜头能够保证捕捉到更多的选手细节和精彩操作,甚至是一些失误瞬间。

在需要手动控制镜头的情况下,赛事 OB 应具备出色的临场应变能力,才能满足众多电子竞技赛事的直、转播需求,如图 2-12 所示。尤其是在以团队进行对抗的电子竞技赛事项目中,往往会同时在多地点爆发对抗,在这个时候就需要赛事 OB 通过自己的游戏理解以及经验来选择主要画面。很多时候,当对抗发生时,人数越多的位置往往对抗越激烈,所以一般会作为首选画面进行播放。而漏掉的画面可以通过回放呈现,以保证每一个精彩画面都不会被错过。

游戏中往往会发生很多细微却能够影响比赛结果的事情。比如在《英雄联盟》赛事中,选手可能在跑图的过程中按错键从而影响关键装备(如保命装备沙漏和秒表)或关键技能(如闪现和英雄绝招)的使用,关键装备或技能的缺失有可能会导致选手甚至整个团队在接下来的时间内都没办法与敌方进行正面对抗，从而让局面陷入劣势。赛事 OB 则应快速地捕捉到这些操作失误的画面，保证赛事直播质量。在《英雄联盟》中，部分英雄拥有能够无限成长的属性（如英雄涤魂圣枪·塞娜的被动层数、英雄虚空恐惧·科加斯的大招"盛宴"的层数等），这些成长属性往往能够体现出此类英雄的发育情况，因此赛事 OB 需要适时展示这些英雄成长属性的具体细节，让观众以及赛事解说更好地判断比赛节奏和走向。

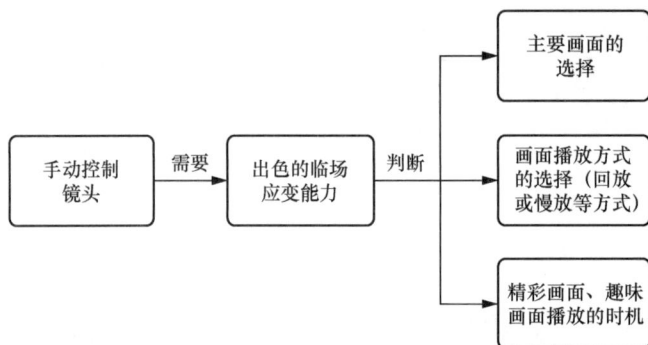

图 2-12

在激烈的赛事对抗中，OB 要全程高度集中注意力，尽力在每一次画面选择中都能够做出正确的选择。

4. 卓越的团队配合能力

在一场专业的电子竞技赛事中，值得关注的内容和展现的信息很多，仅靠一个人很难在整场比赛中完成对所有精彩画面和细节的捕捉与呈现。因此，一场赛事 OB 往往不止一个人，除一名主 OB 外，还会有 2～3 名副 OB。主、副 OB 会通过相互沟通和交流，为观众提供全面、详细、精确以及专业的 OB 画面。在实际的比赛中，主 OB 一般被称为 OB 01，副 OB 视数量按次序称呼，如 OB 02～OB 05。

OB 想要在复杂的工作环境下出色地完成赛事 OB 工作，必须具备卓越的团队配合能力。

OB 01 负责赛事的主要画面内容呈现，主导整场赛事直播的节奏。观众及解说观看赛事时所看到的主要画面内容都是以 OB 01 的视角呈现的。

OB 02 主要负责小窗、分屏以及回放的画面内容。正如前文所述，团队竞技游戏往往会同时在多个地点发生对抗，那么在进行赛事直播时，可以通过小窗和分屏的方式同时展示不同地点的内容来满足直播和观众的需求，在有限的画幅内展示更多的信息。当主要画面已经出现激烈的对战时，是没有办法进行小窗和分屏播放的，那么为了保证尽可能多且详细地传达游戏内信息，将无法实时播放的画面通过回放的形式进行播放，而回放的时长和视角都是由 OB 02 决定的。

OB 03 主要的工作内容是负责游戏中精彩画面的剪辑以及 3D 视角的内容制作。精彩画面的剪辑能够保证在赛事结束后第一时间让观众看到本场赛事中的精彩和决定性画面，对赛事过程进行回顾和总结。3D 视角的内容能够让选手的操作以及英雄的技能释放更具视觉冲击力，让观众身临其境。观众经常能在比赛中看到一场团战回放后是 3D 视角的回放，这就是通过 OB 02 视角接 OB 03 视角实现的。

随着观赛要求的提高，越来越多的玩家希望能够观看到选手第一视角的操作，以学到更多的游戏技巧和了解更多细节，这部分的内容则是 OB 04 负责的。

在一场赛事直播中，赛事 OB 需要在完成自己任务的同时，积极与其他赛事 OB 进行沟通、合作，在主要画面播放节奏不受影响的情况下，展现更多的游戏内容和细节。

从图 2-13 可知，赛事 OB 除了相互之间的沟通配合外，也需要与参与赛事直播的其他人员进行合作，例如与赛事解说的配合。在观看赛事的时候，观众经常可以听到赛事解说对某些细节有一些疑惑，而这些疑惑往往也是大部分观众想要去了解的内容，赛事 OB 则可以通过视角或者游戏内信息面板的切换对赛事解说的疑惑进行解答，从而让赛事直播的效果更好。

只有在与整个赛事直播团队配合默契的情况下，赛事 OB 才能给观众、赛事解说以及裁判带来优质的游戏画面呈现。

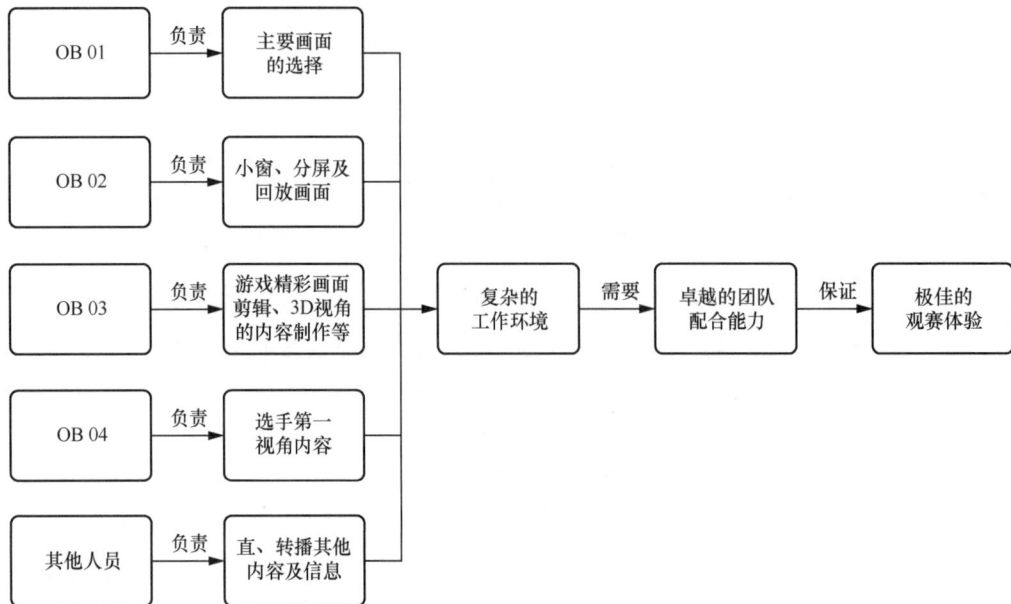

图 2-13

5. 极强的工作适应能力

在观战过程中，赛事 OB 需要全程不断地操作。虽然视角切换等操作看似简单，但为了给观众良好的观赛体验，赛事 OB 要保持精力充沛，全程集中注意力，因为精神一恍惚很可能就会错过一次精彩的击杀或者逃生。

赛事 OB 在切换游戏画面时，不仅要保证游戏画面切换的逻辑性，还需要根据不同的游戏以及节奏制定不同的 OB 策略，如游戏内远近镜头的切换、游戏内不同功能界面的运用，以及游戏内的画面包装等。赛事 OB 往往对相应赛事项目具有足够深入且全面的理解，所以在某些电子竞技项目中会负责部分赛事解说的审核任务。赛事 OB 所承担的工作内容较多且复杂。

在工作的过程中，赛事 OB 需要持续学习，从而提升自身能力以适应赛事的要求。第一，电子竞技赛事的主体——电子游戏具有快速迭代的特性，每个版本的游戏节奏可能都会有差异，赛事 OB 需要通过积累一定的游戏时长来保证自己对游戏的理解，保证对游戏节奏的判断能力能够满足赛事直播需求。第二，赛事的 OB 系统也在不断更新，无论是 3D 视角的制作还是选手第一视角的引进，在增加游戏画面丰富程度的同时，也对赛事 OB 提出了更高的要求。尤其是在 3D 视角的内容制作中，赛事 OB 不仅需要有一定的审美能力，还需要有一定的摄像运镜方面的知识。第三，赛事 OB 需要具备一定的编导能力来配合制作团队完成赛事周边内容的制作，无论是赛事的精彩镜头集锦（如每周十佳镜头），还是选手生涯回顾等具有纪念意义的视频内容，都需要赛事 OB 通过画面选择和剪辑来保证效果。

赛事 OB 需要根据赛事直播、转播技术的进步和观众要求的提高，不断提高自己的赛事直播、转播技巧。过去在直播、转播技术不够成熟的情况下，能够观看直播就已经能够满足观众的观赛需求了。但是随着电子竞技赛事直播、转播技术的不断进步，观众对赛事各方面的要求，尤其是对赛事直播的核心内容——游戏画面呈现的要求也越来越高。在各个游戏项目以及世界各地赛事齐头并进的情况下，观众也会对各个项目以及同一个项目不同赛区之间的 OB 进行比较。

从图 2-14 可知，面对来自不同方面的要求和反馈，赛事 OB 需要具备较强的抗压能力和接受能力，并持续学习来满足赛事直播、转播的需求。

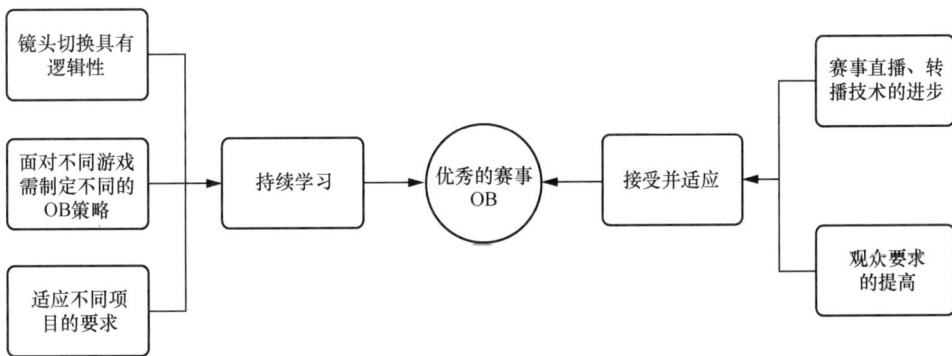

图 2-14

课堂互动环节二

在"模拟杯"赛事中，你是赛事 OB 之一。你和团队成员正在进行 OB 操作，此时你作为 OB 01 捕捉到双方中单选手正在进行激烈的对抗并可能会产生击杀，但同时从 OB 02 的画面中观看到了下路双方打野发起的 3 vs. 3 小规模团战，OB 02 及时将画面同步给你。

【请思考】

（1）此时 OB 01 应该将视角放置在哪里？

（2）怎样保证两个对抗画面都能够呈现给观众？

从 2.1 节中大家可以了解电子竞技主流项目、主流项目赛事体系、电子竞技赛事 OB 工作内容及赛事 OB 能力要求等相关知识。为了让大家能够具备自行完成电子竞技主流项目赛事 OB 操作所需的基本能力，接下来将布置两个相关任务，大家可以试着自行完成相应的 OB 工作，以加强对电子竞技主流项目赛事体系以及赛事 OB 的认知，并培养一定的 OB 能力。

2.2　任务 1　完成 MOBA 项目的 OB 工作

作为电子竞技最火热的游戏类别之一，MOBA 项目的赛事数量和赛事质量都处于领先地位。无论是 PC 端的《英雄联盟》、DOTA2 还是移动端的《王者荣耀》《决战平安京》等都拥有非常成熟的赛事体系。伴随着电子竞技赛事的火热，MOBA 项目对专业的赛事 OB 数量有非常大的需求，同时对赛事 OB 的专业性也有一定的要求。

任务要求

①熟悉 MOBA 主流项目及其赛事体系；

② 了解 MOBA 项目赛事 OB 的工作内容及要求；

③ 了解在不同平台中 MOBA 项目赛事节奏和 OB 操作的差异。

2.2.1　子任务 1：熟悉主流 MOBA 项目及其赛事体系

➢ 任务背景

小明通过自己的努力终于加入了梦寐以求的电子竞技赛事制作公司。上班第一天，他的负责人要求他梳理当前主流的 MOBA 项目及其赛事体系，并将其介绍给想要了解 MOBA 项目赛事的观众。

➢ 任务操作

随着互联网技术的发展，MOBA 游戏不仅在 PC 端大放异彩，也在移动端获得了数量众多的玩家。MOBA 游戏数量众多，其主流的电子竞技项目包括 DOTA2、《英雄联盟》和《王者荣耀》，并且都具有成熟的赛事体系。

请认真了解各项目的核心玩法及赛事体系等，并填入表 2-1。

表 2-1　MOBA 主流项目及其赛事体系

项目名称	核心玩法	游戏平台	国际性赛事	地区性赛事
DOTA2				
《英雄联盟》				
《王者荣耀》				

2.2.2　子任务 2：了解 MOBA 项目赛事 OB 的工作内容及要求

➢ 任务背景

小冉是一名 MOBA 游戏的玩家，在不同的游戏中都具有较高的游戏水平，热爱电子竞技赛事的他是一名赛事 OB。毕业后他加入了一家大型电子竞技赛事制作公司，与团队一起完成了多次赛事直播、转播任务。现在随着业务规模的扩大，公司需要更多赛事 OB。他的领导需要他将赛事 OB 的工作内容及要求进行汇总，并在下周一的新人培训上为新人讲解。

➤ 任务操作

在一场 MOBA 项目赛事的直播、转播过程中，OB 团队需要关注大量内容，并及时向观众展示关键信息。因此，主、副 OB 需要分工合作，各司其职，以便为观众提供详细、精准且精彩的画面。

认真了解 OB 团队中各位成员的工作内容、工作要求、技能要求，并填入表 2-2。

表 2-2　MOBA 项目赛事 OB 工作内容及要求

职能	工作内容	工作要求	技能要求
OB 01			
OB 02			
OB 03			
OB 04			
OB 05			

2.2.3　子任务 3：了解在不同平台中 MOBA 项目赛事节奏和 OB 操作的差异

➤ 任务背景

移动平台上的 MOBA 游戏逐渐流行，小彭作为一名专业的赛事 OB，必须具备在 PC 端和移动端都能进行 OB 操作的能力。因此，他需要了解两种平台中的 MOBA 项目赛事节奏与操作的差异。

➤ 任务操作

PC 端的 MOBA 游戏以鼠标与键盘操作为主，移动端的 MOBA 游戏以点击操作为主，相应地，两种平台在赛事的节奏与 OB 操作上会有所差异。可以通过了解两种平台的 2 ～ 3 个主流 MOBA 游戏，总结这两种平台的 MOBA 项目赛事节奏及 OB 操作差异，填入表 2-3。

表 2-3　不同平台 MOBA 项目赛事节奏及 OB 操作对比

对比项	PC 端	移动端
赛事节奏		
视角切换		
视野切换		
地图信息展示		

2.2.4　巩固思考练习

① 在 MOBA 项目中，国际赛事和地区赛事有什么关联？

② 作为 MOBA 项目的赛事 OB，怎样才能快速且准确地在不同选手间完成视角切换？

③ PC 端 OB 操作和移动端 OB 操作，哪一种出现误操作的可能性更低？

2.3　任务 2　完成 FPS 项目的 OB 工作

FPS 项目不仅能够在数量上与 MOBA 项目分庭抗礼，而且在赛事体系上也与 MOBA 项目同样成熟。与 MOBA 项目一样，FPS 项目因为赛事数量众多，所以需要更多专业的赛事 OB。但 FPS 项目具有更快的游戏节奏以及独特的核心玩法，使得其对赛事 OB 的要求与 MOBA 项目有所差异。

任务要求

① 熟悉 FPS 主流项目及其赛事体系；

② 了解 FPS 项目赛事 OB 机器的功能；

③ 了解在不同平台中 FPS 项目赛事节奏和 OB 操作的差异。

2.3.1　子任务 1：熟悉 FPS 主流项目及其赛事体系

➢ 任务背景

小明通过自己的努力终于加入了梦寐以求的电子竞技赛事制作公司。上班第一天，他的负责人要求他梳理当前 FPS 主流的项目及其赛事体系，并将其介绍给想要了解 FPS 项目赛事的观众。

➢ 任务操作

FPS 游戏拥有大量游戏玩家，是电子竞技赛事中的"流量担当"。目前其电子竞技赛事的主流项目为《反恐精英：全球攻势》《穿越火线》《和平精英》等。

请认真了解各项目的核心玩法和赛事体系等，并填入表 2-4。

表 2-4　FPS 主流项目及其赛事体系

项目名称	核心玩法	游戏平台	国际性赛事	地区性赛事
《反恐精英：全球攻势》				
《穿越火线》				
《和平精英》				

2.3.2 子任务 2: 了解 FPS 项目赛事 OB 机器的功能

➤ 任务背景

小冉是一名 FPS 游戏的玩家,在不同的游戏中都具有较高的游戏水平,热爱电子竞技赛事的他是一名赛事 OB。毕业后他加入了一家大型电子竞技赛事制作公司,与团队一起完成了多次赛事直播、转播任务。现在随着业务规模的扩大,公司需要更多赛事 OB。他的领导需要他将赛事 OB 机器的功能进行汇总,并在下周一的新人培训上为新人讲解。

➤ 任务操作

在一场 FPS 项目赛事的直播、转播过程中,OB 团队需要操作多台机器,及时向观众展示关键信息并且做好不同直播突发状况的处理。因此,OB 团队需要掌握各种机器的功能。

请认真了解各种 FPS 项目赛事 OB 机器的功能,并填入表 2-5。

表 2-5 FPS 项目赛事 OB 机器功能

赛事 OB 机器	功能
主 OB 机	
备用 OB 机	
延时 OB 机	
地图 OB 机	

2.3.3 子任务 3: 了解在不同平台中 FPS 项目赛事节奏和 OB 操作的差异

➤ 任务背景

随着移动平台 FPS 游戏的流行,小彭作为一名专业的赛事 OB,必须具备在 PC

端和移动端都能够进行 OB 操作的能力。因此，他需要了解两种平台上的 FPS 项目赛事节奏与 OB 操作的差异。

➤ 任务操作

移动端的《和平精英》与 PC 端的《反恐精英：全球攻势》在核心玩法上有所区别，因此《和平精英》的赛事节奏和 OB 操作与《反恐精英：全球攻势》有一定的差异。

请总结这两款游戏节奏及 OB 操作的差异，并填入表 2-6。

表 2-6 《和平精英》和《反恐精英：全球攻势》赛事节奏及 OB 操作对比

对比项	《和平精英》	《反恐精英：全球攻势》
赛事节奏		
视角切换		
视野切换		
地图信息展示		

2.3.4　巩固思考练习

① 与 MOBA 项目中的《英雄联盟》相比，FPS 项目中的《反恐精英：全球攻势》以杯赛还是联赛为主？

② 为什么 FPS 项目需要单独准备一台地图 OB 机？

③ 如何解决 FPS 游戏中视野遮挡的问题？

④ 是什么造成了《反恐精英：全球攻势》与《和平精英》的赛事 OB 在游戏细节展示上的不同？

学习单元 3

电子竞技赛事执行

单元概述

本单元主要介绍电子竞技赛事执行岗位及其主要工作职能，重点讲解如何根据实际情况制定电子竞技赛事相关规则与赛事执行手册。本单元的学习任务包括撰写电子竞技赛事规则和撰写电子竞技裁判规则，可强化理论认知以及动手实践能力。

知识目标

了解电子竞技赛事执行岗位与职能；

掌握电子竞技赛事前期的准备工作；

树立赛事相关的管理理念与服务意识；

能对电子竞技赛事进行基本的分析与判断。

技能目标

能依据电子竞技赛事任务，制作基础的执行手册；

能根据实际需求的不同，制定相应的规章制度；

拥有一定的赛后总结归纳能力，并能根据赛事的实际情况提出一定的优化方法；

具有一定的组织协调、现场执行与随机应变的能力。

3.1 基础知识

电子竞技赛事执行主要负责赛事项目及活动的前期筹备，以及现场的执行、协调与赛后评估等。

3.1.1 电子竞技赛事执行岗位

电子竞技赛事岗位主要分为三类：赛事策划（编导/导演）、赛事执行、市场/商务。其中，赛事策划与赛事执行的工作质量直接影响整个赛事的质量。

赛事策划需要从宏观（例如赛事受众、国家政策、游戏受欢迎程度等）与微观（例如举办时间、举办地点、参与队伍等）两个方面对电子竞技赛事进行把控，不仅要给观众提供良好的观赛体验，也要保障相关投资者的收益。

除常规的沟通、协调和突发情况的处理以外，根据赛事所处阶段的不同，赛事执行的具体职能也会有所不同。

在赛事前期，赛事执行在一定程度上需要负责赛前准备工作与宣传活动，必要时需想办法吸引资源（例如场地、资金、流量、设备等）。

在赛事中期，上述任务相对减少，赛事执行更重要的任务是在第一时间挖掘并收集赛事相关信息，转交给宣传等相关部门；同时，赛事执行继续维护设备，持续监测参赛选手的装备，根据已经发生的情况进一步优化赛事规则等。

赛事执行还需要具备一定的统计与分析能力,在整个赛事结束后对赛事各个环节反馈的信息进行收集,并且整理成总结报告,以供日后对赛事进行改善。

3.1.2 电子竞技赛事前期的准备工作

在电子竞技赛事正式开始之前,有许多准备工作要完成,如确定赛事级别、明确赛事目的、成立赛事组织等。

1. 确定赛事级别

承办电子竞技赛事,首先要考虑的是该赛事的级别,然后根据赛事级别做出一系列的安排与调整。

赛事级别是较为综合的赛事评判等级,要考虑参与人数、游戏本身火爆程度、投入资源、内部情况、外部环境等一系列因素。

相较于传统体育赛事,电子竞技赛事需要考虑的因素更多,受变化因素的干扰更大,所以业内并无绝对的赛事级别判断标准。

表 3-1 为常见赛事规模评判标准。

表 3-1 常见赛事规模评判标准

评判依据	说明
赛事辐射范围	网吧赛、城市赛、地区赛、全国赛、世界赛等
赛事举办频率	日赛、周赛、月赛等
赛事体系	第三方(独立)赛事、官方赛事、业余赛、职业选拔赛、职业赛等
参与人数	参与比赛的选手和现场观众的数量
赛事目的	推广游戏本身、制造话题吸引流量、培养职业选手等
赛事奖励	奖金(奖励)数量
赛事参与者	官方、非官方、顶尖选手(俱乐部)、明星玩家等

评判依据	说明
影响力	媒体宣传规范、受众量、观看量、参与者数量
举办地区（场地）	无名场地、小有名气的打卡点、地标性建筑、世界知名场所

根据以上标准，可以初步判断一个赛事的规模，但仍然需要赛事策划、赛事执行对游戏及其赛事体系有充分的认识，结合不同方面进行考虑。如果只是单纯地依照固有经验来策划、执行赛事，则很容易出现致命缺陷。

2. 明确赛事目的

根据赛事目的的不同，整个赛事的侧重点也会出现明显的变化。

例如，同为校园赛事，部分学校举办电子竞技赛事的目的主要是丰富学生课余生活，而有些学校由电子竞技相关专业师生负责组织策划并执行电子竞技比赛，赛事的主要目的则是给本专业学生提供良好的实践机会。

虽然两者在表现形式上几乎一样，但由于目的不同，其侧重点会存在明显的不同。比如，旨在丰富学生课余活动的电子竞技赛事，不需要十分专业的赛事策划、赛事执行，甚至连裁判、赛事解说之类的赛事相关工作人员也可以没有。只要赛事本身举办成功，参与人员满意，就可以视为达成目标。

而电子竞技相关专业举办的比赛，由于目的在于给予学生理论联系实践的机会，重点在于赛事各环节的策划、执行，以及相关工作的进行情况，所以，在一定程度上，参赛人员的满意度优先级相对较低。有时，为了考验学生对突发事件的处理能力，甚至会人为制造一些意外，有意降低参赛人员的满意度。

在实际工作中，很多资源都是有限甚至不足的，因此我们不可能做到尽善尽美。针对不同的情况，第一时间明确比赛的真实目的是重中之重。尽可能将资源优先向满足比赛目的的方面倾斜，甚至在一定程度上可以为此专门修改相关规则。在此基础上，再尽可能地完善其他方面。

课堂互动环节

某公司领导是一位 MOBA 游戏爱好者。在了解到公司不少员工也是同款 MOBA 游戏玩家之后，领导决定以电子竞技比赛的形式进行团建活动。

该公司的员工确定要参与该比赛的有 70 人以上，年龄跨度从二十出头到年过四十，且对于该游戏的掌握程度从入门到精通皆有。公司内部有较为合适的比赛场地和观赛地点，并不需要额外支付相关费用。同时领导也表示，希望可以使尽可能多的员工有参与感和满足感。

【请思考】

（1）本次电子竞技比赛的主要目的是什么？

（2）相比于常规赛事，为达到本次比赛的目的，有哪些注意事项？

3. 成立赛事组织

对于中大型赛事或长时间持续推进的赛事来说，为确保赛事顺利进行，设立一个完整的赛事组织是必不可少的。只有这样才能最大限度地把握全局，更好地掌控整个比赛，对赛事做出合情合理的安排，最终保证赛事的顺利开展。

参照传统体育赛事，电子竞技赛事组委会常见构成如图 3-1 所示。

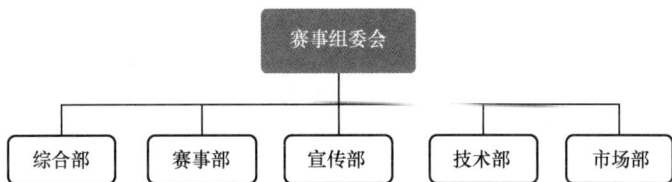

图 3-1

赛事组委会各部门职能主要如下。

① **综合部**。综合部除负责协调整个赛事组委会外，也负责对外联络等。其职能具体包括：有关文件、报告、简报、会议纪要、总结等资料的撰写、审校、编印、分发，以及资料的收集、整理、归档工作；有关会议会务的准备工作；内外的联络、接待、协调工作；竞赛与场地的经费预算、审批和后勤保障；各类证件的制作等。

② **赛事部**。赛事部负责赛事相关工作的策划与执行。其职能具体包括：根据电子竞技赛事规程制定时间节点，接受参赛队伍的报名；接收、汇总、统计参赛人数、录取人数以及设置奖励数额；拟定相关竞赛表格，设计、编制、审校竞赛日程和竞赛指南、赛场安排示意图、比赛秩序册等；根据有关规定，协助赛事组委会对参赛选手资格进行审查；制定抽签以及赛事编排的方式；仲裁委员会、裁判长、裁判和辅助（临场）裁判的选拔、聘用以及培训；对仲裁、裁判的学习和培训进行检查指导；组织并安排好各支代表队伍赛前的训练和参加比赛；收集、汇总、审核竞赛成绩，编印每日成绩公告，编制成绩册。

③ **宣传部**。宣传部主要负责开展各项宣传工作。其职能具体包括宣传方式的制订、官方资讯的发布、海报的制作等。该部门的工作质量直接关系到整个赛事的关注度。

④ **技术部**。技术部主要负责电子竞技比赛中各种电子设备的管控工作。除提供必要的技术支持外，技术部还要根据电子竞技赛事规程要求，提出比赛和训练场地要求，提出比赛和训练所需电子设备的数量、型号、规格、品种等，配合采购部门进行购置并进行检验与维护；落实场地器材和设备的安装、质量管控、保养，从技术和功能上确保场地器材和设备能满足比赛需求；对比赛场地的灯光、音响、网络等设施进行检查验收；赛前对比赛的专业设备以及相关设备进行检查，赛中对所有设备进行跟踪，赛后对设备进行检验和回收；制定赛场电子设备的管理办法、细则、制度等；对场地器材管理人员进行检查、监督并及时反馈；清理赛后物品，撰写总结报告，提出

相关意见。

⑤ **市场部**。市场部除负责市场的维护、开发和反馈外，也负责资源的获取、招标、资产的购买与贩卖等工作。

以上是以部门职责为依据对赛事组委会进行的划分。这样划分的优点在于各个部门各司其职，专业程度较高；但缺点在于各个部门之间的沟通可能会出现问题，并且在同时进行多个项目比赛的情况下，容易出现混乱。

除此之外，赛事组委会还可以以项目组进行划分，每个项目组下设有相应的负责人。赛事组委会的项目组模式如图 3-2 所示。

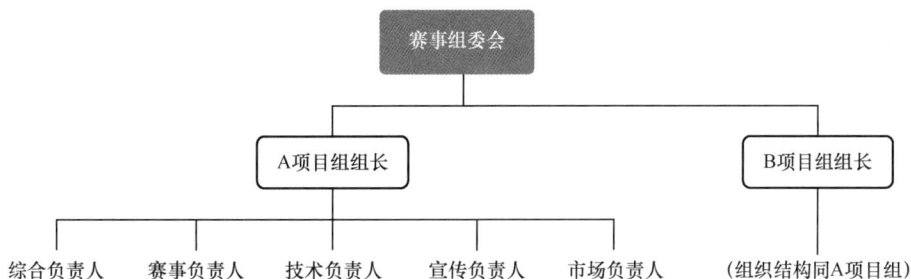

图 3-2

该组委会模式主要适用于较为大型、成熟，经常同时进行多场比赛的赛事。其优点是有了项目组组长的统一组织协调，各单位相互配合的效率会有所提高；但缺点是各项目组的资源并不是互通的。假设 A 组繁忙、B 组空闲，A 组想从 B 组抽调人力，那么相比图 3-1 所示的组织结构可能要困难一些。

3.1.3　电子竞技赛事规则

根据赛事规则的主要适用对象，电子竞技赛事规则分为三类：赛制规则、比赛规则和执行规则。

1. 电子竞技赛事赛制规则

电子竞技赛事赛制规则，一般指某大型比赛或衍生比赛中有关整体赛事制度的规则。其主要适用对象是团体，一般为战队、俱乐部等。

从简单的赛制选择，即赛事的形式为循环赛制还是淘汰赛制，到某项电子竞技赛事的布局，例如《英雄联盟》的职业赛事 LPL 从 2017 年的升降级制度到如今的联盟化（主客场制度），都是电子竞技赛事赛制规则的重要表现。

电子竞技赛事赛制规则的制定，在一定程度上会影响该赛事，甚至影响游戏本身的运营。因此，在确定了赛制规则之后，为了保持赛事的稳定运营，如果没有特殊原因，则应尽可能地延用下去。

（1）赛制规则本身的影响

一般情况下，首先要确定的是赛事的总体赛制，即选用淘汰赛制、循环赛制还是其他类型的赛制。在此基础上，再完善相关规则。

参考资料：DOTA2 Ti10 地区预选赛的分组规则

包括东欧地区及南美地区在内的六大赛区的地区预选赛规则相同。

① 参赛队伍仅限于未被直接邀请的 S 级和 A 级队伍，也就是没有海选。

② 赛制为最多 16 支队伍的双败淘汰赛制，除决赛为 BO5 之外，所有轮次的对阵均为 BO3。

③ 参赛队伍按照"DPC（DOTA2 职业巡回赛）总积分"以及"DPC 第二赛季排名"（DPC 第二赛季排名顺序：S 级第 1 ～ 6 名 > A 级第 1 名 > S 级第 7 名 > A 级第 2 名 > S 级第 8 名 > A 级第 3 ～ 8 名）进行排名，安排对阵。

此外，为了保证观众的观赛体验和赛事的持续稳定，还可以增添更多的赛制规则，使比赛具有更多的战术博弈，更加紧张刺激。

《英雄联盟》职业比赛较先使用了轮流 BP（ban/pick）规则，《王者荣耀》则是采用了 BO7 中的前六局不可重复使用英雄等规则，这都为比赛增添了更多的看点。而 DOTA2 在 2017 年推出的积分制度则让整体赛事更加稳定。图 3-3 所示为 DOTA2 的淘汰赛制。

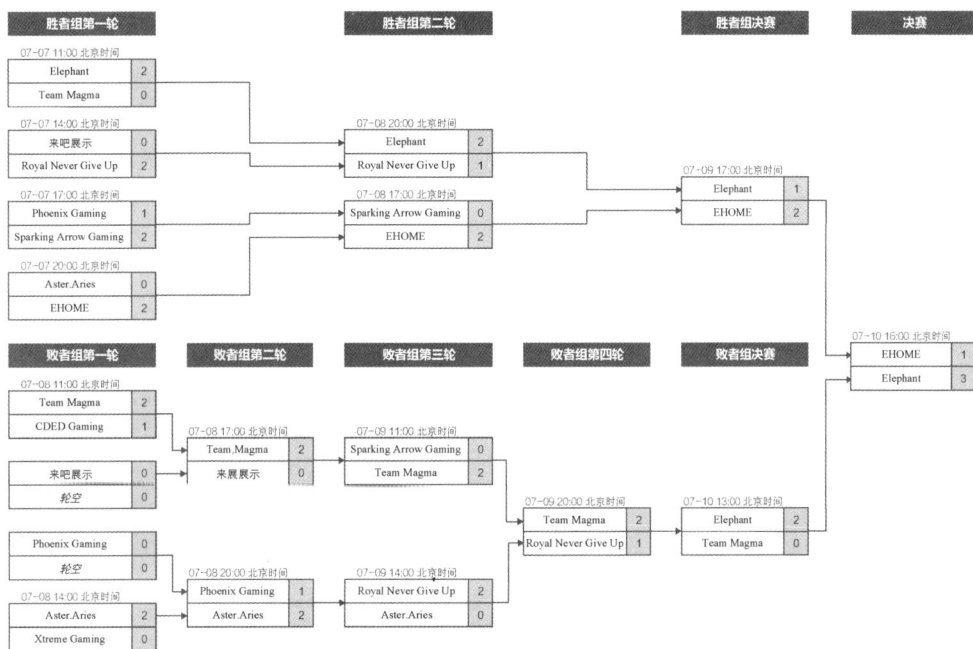

图 3-3

（2）赛制规则之外的影响

总体而言，电子竞技赛事赛制规则分为两部分：主体的赛制部分与附加的规则部分。以同为 MOBA 游戏的《英雄联盟》和 DOTA2 为例，前者选择了循环赛制，后者选择了淘汰赛制。

《英雄联盟》通过取消升降级、联盟化等方式，使得第三方赛事相对而言缺少含金量，且几乎对职业联赛没有影响。对于玩家来说，如果没有职业战队的邀请，则不能获得联赛席位，因此单纯依靠不断取得游戏胜利进入职业赛场是很难的。

由于赛事稳定，资本方可以更加稳定地对赛事进行投资、开发和宣传；顶尖俱乐部由于不担心掉级，可以更加大胆地进行各种尝试。

DOTA2 则是选择了和《英雄联盟》相反的道路，一直在探索和第三方赛事的合作模式，从只有国际邀请赛，到"国际邀请赛＋特级锦标赛"制度，再到第三方赛事积分制度。后来，DOTA2 官方声明排位积分将是国际邀请赛邀请名额的唯一影响因素，这使得俱乐部和选手更加注重第三方赛事的成绩，第三方赛事也更加积极谋求和 DOTA2 开发公司 V 社的合作。

2. 电子竞技赛事比赛规则

电子竞技赛事比赛规则是指电子竞技比赛中具体的规章制度。电子竞技赛事比赛规则绝大部分针对选手个人，少部分针对团体。与电子竞技赛事赛制规则不同的是，电子竞技赛事比赛规则不仅更加复杂、细致，也会根据具体情况进行频繁的修改。

在大部分情况下，赛事组委会有权对电子竞技赛事比赛规则做出修改，但会确保符合公平、公正的体育精神。

表 3-2 所示为某校电子竞技比赛规则和说明。

表 3-2　某校电子竞技比赛规则和说明

电子竞技比赛规则	说明
一、义务 1. 参赛选手应尽可能准备电信二区祖安的游戏账号，以供比赛使用；若不能准备，赛事方将会提供少许账号，但对账号质量（比如英雄数量）不做保证；且比赛中出现的一切异常情况，将由本人承担 2. 每队选手比赛完成后，有义务为工作组提供账号，以供录制、解说比赛视频之用 3. 选手保证不进行任何不利于他人账号的行为 4. 参赛选手有义务针对本场比赛，进行胜方最佳以及败方最佳的评选	由于该比赛为校园赛，其主要目的在于为本专业学生提供实践机会，所以对参赛选手有一定的义务要求。 比赛载体为游戏《英雄联盟》，因为没有比赛服账号，所以选择普通服务器。原定为电信一区艾欧尼亚，但由于比赛时间定为周末晚上，所以服务器压力过大，无法观战，故而选择电信二区祖安

续表

电子竞技比赛规则	说明
5. 参赛选手有义务在指定时间前往比赛地点进行比赛，未按时到场者，裁判组有权进行处罚、判负甚至取消比赛资格 6. 参赛选手有义务针对赛事的不合理处提出可行性建议，以及对赛事组委会的行为进行客观的评价	
二、犯规 1. 使用未经赛事组委会批准的软件、硬件、参数进行比赛（A） 2. 比赛中故意使用软件本身存在的漏洞（如当前版本游戏中女枪配合狂风之力）（B） 3. 蓄意制造断线、死机 4. 攻击服务器或对手比赛用机 5. BP 阶段每轮时间为 30 秒，超过 45 秒警告一次，超过 60 秒警告两次，超过 90 秒该对局判负 6. 从 BP 阶段开始到游戏正式结束，不可摘下耳机，触碰任何可与外界交流的工具（若存在必要情况，请告知在场工作人员）（C） 7. 使用侮辱性、歧视性言语（D） 8. 从 BP 阶段开始到游戏正式结束，比赛全程需要进入 QQ 语音、YY 语音类的语音系统，有义务确保本场参赛队伍全员参与，且无他人参与（C） 9. 其他影响比赛的恶意行为（E）	对于犯规行为有必要一开始就明确说明。 A. 由于有学生曾采用自带操作宏的设备进行比赛，有犯规嫌疑。但校园赛事组委会现阶段并不具备完全检测所有参赛成员设备的实力，所以不得不采用一刀切的方式进行管理 B. 当前版本可能出现漏洞或有存在争议的地方，有必要进行明确说明 C. 第 6、8 条是针对赛场较为狭小，采取的补救措施 D. 电子竞技选手礼仪 E. 针对可能忽视的其他犯规行为做出的规则补充
三、判罚 **（一）选手在比赛中若有如下行为，根据裁判组意见，最低给予一次警告处分（A）** 1. 选手在比赛中不听从裁判指挥 2. 选手携带与比赛无关的物品进入比赛场地 3. 选手本队教练、队友未经允许在比赛中进入比赛场地 4. 选手未经允许在比赛中以任何方式与场外人员进行交流 5. 选手未按照要求使用外置设备、调试参数 6. 选手在比赛中有不文明语言、行为 7. 选手在休息时间结束后未按时返回赛场 8. 选手通过不正当手段获取对手比赛信息 9. 各比赛项目细则中明确规定的犯规行为	根据具体行为，判罚等级有所区分。总体而言，判罚既要保证对参赛选手有一定的威慑性，又不能过重，使选手缩手缩脚。 A. 一般而言，警告作为最轻的处罚，长时间的单一警告处罚一般不会造成实际影响。但短时间内多次受到警告处罚，则根据具体情况决定是否升级为更为严重的处罚，如判负、禁赛等 B. 恶意拖延比赛时间，有违电子竞技礼仪

电子竞技比赛规则	说明
10. 选手存在故意放水、拖延比赛时间、羞辱对方选手等倾向，且无法给予合理解释（B） 11. 选手未遵循选手礼仪，或为赛事带来不良影响 12. 选手未按时到场	
（二）选手在比赛中若有如下行为，将被直接判负 1. 选手在比赛中累计受到三次警告处分 2. 选手在比赛中故意使用软件本身存在的漏洞牟利（A） 3. 选手蓄意制造断线、死机 4. 选手有其他影响比赛的恶意行为（B） 5. 选手以任何手段干扰对手比赛 6. 各比赛项目细则中明确规定的犯规行为	随着不当行为的升级，处罚也会升级。 A. 如果选手无心处理游戏漏洞，则在不影响游戏比赛前提下，可以选择无视。但若估计选手将使用漏洞牟利，赛事组委会哪怕之前并无明确说明，也要出于公平、公正的考虑，进行处罚 B. 例如大声喧哗、猛击桌面和其他造成不良影响的情况
（三）选手在比赛中若有如下行为，将取消其比赛资格 1. 选手在比赛过程中累计两场被直接判负 2. 选手在比赛期间弃权、中途退出比赛 3. 选手在比赛期间蓄意煽动观众、队友扰乱比赛秩序 4. 选手在比赛中使用任意手段攻击服务器或对手比赛用机 5. 选手在比赛期间辱骂、恐吓、殴打裁判以及其他选手和观众 6. 选手冒名顶替他人或请他人顶替自己参加比赛 7. 选手在参赛期间触犯法律 8. 选手做出总裁判长认定的可取消选手比赛资格的行为 9. 各比赛项目细则中明确规定的犯规行为 补充说明：选手被直接判负及取消比赛资格等判罚，须经总裁判长签字后方能生效；其他判罚则须由裁判组全体成员签字后方能生效	对于行为恶劣、明知故犯或屡教不改者，可以直接取消比赛资格。根据具体情况，其可以分为取消个人比赛资格和取消团队比赛资格
四、异常情况（暂定） 1. 若出现非人为掉线、高延迟、账号顶替等情况，赛事组委会将会以比赛录像为依据进行处理 2. 原则上，尽可能恢复到异常情况出现前的经济差，但也会	针对比赛中可能出现的异常情况，而做出的应对预案。 由于该预案不仅需要参赛选手配合，而且也能在一定程度上

续表

电子竞技比赛规则	说明
根据局势进行一定修正。例如，"多人包一"情况下，即便被包者因为掉线、高延迟而无法行动，在无抵抗的情况下被击杀也依旧判定为有效经济差 3. 出现异常情况，应第一时间在公屏发出"请求暂停"字样，双方人员应该在十秒内回城，不得进行任何活动。违反者将直接判负 4. 若在团战期间，出现重大异常情况，则会根据具体情况进行判断。例如，人头比过于悬殊、经济差距过大、关键性角色已经阵亡等。根据工作组意见，若劣势方因为异常情况获得胜利，则考虑复刻该场情况（英雄选择、经济差、召唤师技能、出装、开团前站位等）进行重赛。优势方获胜则不需要复刻并进行重赛	缓解其面对异常时的焦虑，所以参赛选手有必要知道。 同时，赛事组委会应该根据实际情形，做出能力范围内的调整。例如在第3条中，依照正规比赛规则，理应在第一时间暂停比赛，但由于实际情况无法做到，只能退而求其次
五、补充说明 学校官方赛事组委会可以随时对此规则进行修订、改动或者补充，旨在为专业学生提供良好实践机会的前提下，确保本赛事的公平及完整性	强调活动目的
六、附件 各个参赛队伍选出代表（一般为队长）签字	确保队伍成员清楚本规则

需要说明的是，以上仅为电子竞技赛事比赛规则的部分内容。完整的电子竞技赛事比赛规则还应该包括报名须知、游戏版本说明、抽签说明等。

此外，在部分情况下，一些赛事比如娱乐赛、表演赛、友谊赛等非常规赛事，会在规则上做出一定修改，确保所有参赛选手都有较为良好的参赛体验。事实上，很多传统的体育赛事也有类似的操作。

（1）竞技比赛与竞技娱乐

我们所观赏到的绝大部分比赛，都是竞技性很强的竞技比赛，其目的在于通过比赛，找出一定范围内最强的个人或者团体。

但就实际情况而言，日常生活中，大部分比赛为竞技娱乐，即以参与者感到某种程度的愉悦为目的举办的比赛。

二者虽然为同一竞技方式，但其追求的目标截然不同。这点尤其需要注意。

（2）竞技娱乐中弥补实力差距的规则

在传统体育项目中，竞技娱乐为了保证双方的竞技乐趣和比赛的悬疑性、紧张性、刺激性等，会增添一些规则。这里举例如下。

规则一：让球制。例如，在羽毛球比赛中，正常情况下运动员必须赢得21个球方算胜利，让球制则规定强势方依旧保持21个球的获胜标准，而弱势方只要赢得11个球就可以获胜。

规则二：时间限制。比如，强势方必须在五个回合内赢球，才获得一分；弱势方除了赢球，只要撑过五个回合同样也算胜利。

规则三：负重。强势方手腕或者脚踝绑上沙袋，在一定程度上被限制自如活动，然后与弱势方进行对局。

通过类似规则，可以缩小双方之间的差距，使双方都获得竞技乐趣和参与感，且保证比赛的悬疑和观众的观赛体验。

3. 电子竞技赛事执行规则

电子竞技赛事执行规则是指赛事相关工作人员需要遵守的规则，一般包括但不限于裁判、教练、现场引导服务人员、赛事解说、OB等需要遵守的相关规则。电子竞技赛事执行规则在规范工作人员执行工作的同时，也给工作人员提供了行为准则。在电子竞技赛事工作人员中，裁判是最为重要的角色之一。

（1）裁判的工作概要

裁判的工作主要分为赛前、赛中和赛后三个部分。一般而言，赛中的各项工作是裁判的重心，但赛前和赛后的工作同样不可忽视。

赛前工作：提前到达赛区，了解赛区的准备情况；参加裁判会议；检查比赛场地、器材和技术设备；确认参赛队员信息等。

赛中工作：认真处理好各项裁判工作，遵守公正、合理的原则，保证比赛正常进行；及时召开小结会，总结临场存在的和今后要注意的问题；不断征求竞赛部门、仲裁委员会和各支参赛队伍对裁判工作的意见，改进裁判工作，提高判罚水平。

赛后工作：做好赛区的裁判总结工作，并向上级汇报；做好文明裁判的评选工作；做好善后工作，撰写书面总结，向上级报告情况。

（2）裁判的临场管理

① 提高对临场管理重要性的认识，增强和深化临场管理的意识，树立敢于负责、敢于要求和敢于管理的思想。

② 认真学习和研究规则，掌握规则的精神，依靠规则进行管理。

③ 以身作则，严于律己，遵守裁判守则，坚持原则，公正管理。

④ 注意策略和方法，做到科学管理。要想使临场管理达到预期的目的，达到良好的效果，必须审时度势，抓住苗头和要害问题，分清有意、无意。对原则性的问题，不放过，不迁就，不让步；对非原则性的问题，既不小题大做，也不轻描淡写，做到实事求是。

⑤ 注意态度，做到文明管理，既要严格要求，又要态度和气，决不能蛮横、粗鲁，也不要有训斥和讥笑等行为。

⑥ 坚持管埋教育与判罚相结合。根据队员或教练违反体育道德行为的程度轻重，有时需要提醒，有时需要警告，有时需要教育，有时需要判罚。坚持教育与判罚相结合，是裁判管理好比赛的重要手段。

（3）裁判的注意事项

虽然电子竞技比赛并没有参与者之间身体上的直接对抗，但比赛本身仍然和传统体育一样是极为激烈的对抗。所以，很多比赛中，参赛队员与对手之间，很难时时刻刻都保持胜不骄、败不馁的心态。尤其是在决定比赛胜负的瞬间，双方队员会产生强烈的喜悦或悲伤情绪，有时会做出不当举动。

裁判作为比赛现场的管理者与督导者，有义务在第一时间劝说双方相关人员平息事态，在必要的情况下可以进行一定的处罚。

（4）案例

表3-3 所示为某校电子竞技比赛中的电子竞技赛事裁判规则和说明。

表 3-3　某校电子竞技赛事裁判规则和说明

某校电子竞技赛事裁判规则	说明
一、裁判原则 （1）执行规则 （2）公正公平 （3）避免做出有利于犯规队伍的处罚（A） （4）对于非严重影响比赛的犯规行为，可不必干扰比赛的进行。但应详细记录，保留证据，赛后第一时间告知比赛相关人员，并且向上汇报，最终做出判决（B） （5）若出现严重影响比赛的犯规行为，有必要第一时间进行确认。若不能确认应呼叫同伴协助，并尽可能地以视频录像的形式保留相关证据，并在最后由裁判组做出决定 （6）自始至终，裁判的行为都应当具有专业性，并且应该以公正的方式进行裁决。不得对任何选手、队伍、队伍经理以及其他个人展示出喜爱或偏见 （7）如果一名裁判做出了不正确的裁决，那么此裁决在比赛过程中无法被撤销，因为裁判的决定不可更改。但赛事官方可在赛后自行对裁决进行评估，以判断裁判是否采取了能够做出公平裁决的正当程序。如果没有采取正当的程序，赛	应该遵守的基本原则。 A. 在部分情况下，处罚会有利于犯规队伍，所以应该尽可能避免。例如 MOBA 游戏中，比赛后期，队员故意掉线，虽然被警告处罚，但按照相关规则，可以因优势较大判定胜利 B. 例如谩骂、拍击设备，若未造成恶劣影响，可以事后给予警告处罚，不影响比赛正常进行 C. 考验裁判的随机应变能力

续表

某校电子竞技赛事裁判规则	说明
事官方保留撤销裁判裁决的权力。赛事组委会始终保留比赛期间所有裁决的最终决定权 （8）针对实际出现的情况，有权决定涉及比赛的一切问题，包括规则中没有规定的问题（C）	
二、总裁判长（A） 1. 总体职责（B） （1）全面负责比赛中的裁判工作 （2）赛前检查，带领裁判组成员落实比赛场地、器材、设备和确认参赛队员信息等事宜 （3）组织裁判组成员学习，制订比赛程序和工作计划，明确裁判的分工 2. 会议职责 （1）根据具体情况，可召开会议，必要时可以修改相关规则 （2）比赛中发生意外、有争议的情况，且无相关规则可以参照时，可召开会议。在会议中做出决断，制定相关规则并公布，以确保以后发生同样情况时有规可依。在会后负责对比赛中的疑难问题进行解释 （3）召集赛前会议，对比赛规则和要求进行说明 3. 其他职责（C） （1）负责组织抽签、场地安排等事宜 （2）比赛中，指挥裁判组和赛场工作，负责协调执行过程中出现的争议，并有权做出最后决定 （3）安排比赛实况的录像工作，以作为申诉及仲裁依据 （4）配合相关赛事机构，处理比赛中有争议的重大问题 （5）对各裁判的执裁工作予以记录，必要时进行处罚或奖励 （6）发现裁判有违反比赛规则或严重违纪行为，有权进行处罚 （7）审核、签署比赛成绩 （8）若不在场，必要时总裁判长可以将权力赋予其他裁判，但仍需要承担部分相关责任	A. 根据具体情况，可以对某些比较重要的职位，特意进行说明。例如在本次电子竞技比赛中，主要执行者为裁判，所以对裁判及裁判长进行特殊要求。而在其他一些场合，例如出于宣传目的的比赛活动中，由于比赛中解说为主要发声者，则可以对解说提出明确要求 B. 明确强调职责和目的。例如在宣传活动中，宣传必须达到某一频率 C. 其他一些相对并不明确的职责，可以在此补充

续表

某校电子竞技赛事裁判规则	说明
三、副裁判长（A） （1）协助总裁判长开展各项工作，在总裁判长临时缺席时可代理其职责 （2）副裁判长任各单项比赛临场裁判组组长 （3）负责本裁判组裁判的协调工作，调度、安排各裁判工作 （4）负责处理比赛中该组有关临场执裁、检录、记录、宣告中出现的问题，并及时报告总裁判长（B）	A．对于组织结构较为复杂的情况，除了主要负责人，也需要明确次要负责人。如裁判为多人多批次进行的，要明确一个或者多个的次要负责人，以便于管理 B．根据情况，主要负责人的权力可以完全下放，也可以只下放部分
四、裁判 （1）精通电子竞技竞赛规则及其他有关规定，并对当前竞技游戏有一定了解（A） （2）尊重并服从总裁判长的指挥，有责任将比赛中出现的问题及时上报，提出合理建议 （3）按比赛规则的要求进行场上执裁 （4）不得以任何形式兼任领队、教练（B） （5）不得随意向选手、战队、俱乐部传递裁判内部消息 （6）工作由裁判组统一安排调动，本人不得提出特殊执裁要求 （7）严格遵守裁判守则和比赛各项有关规定 （8）赛后及时做好总结工作 （9）赛前核查比赛设备，核对参赛选手身份（C） （10）赛前检查选手自带外置设备（若有） （11）每次赛前将执裁场地比赛用软件、硬件恢复为标准状态（D） （12）完成裁判组交办的其他任务	A．不同的电子竞技比赛项目，具体细则等也有所区别。所以裁判对作为比赛项目的电子竞技游戏应有一定认识 B．虽然在绝大部分情况下，裁判不会和战队成员有比较密切的关系，但仍有必要进行规定。必要时对有无私交的情况，也应该做出一定规范 C．对于中小型比赛，有必要核实选手身份。一般以符合具体情况的方式核实身份。例如校园赛利用学生证核实，区域赛利用身份证核实等 D．在实际比赛中，部分选手可能对游戏设置进行更改，相关工作人员应将其恢复为默认状态（或者规定的标准状态）
五、判决与处罚 所有判决与处罚，最后必须以书面形式发放，一式两份，由相关责任人签字之后，一份交给相关队伍队长，一份由赛事组委会保留	在比赛中，应对相关文件进行妥善保管，并明确相关责任人

　　以上只是较为简单的电子竞技校园赛的裁判规则。随着赛事等级的提升，需要考虑的因素也越来越多。例如，被某公司赞助之后，裁判也有责任确保该公司的产品信

息尽可能多地出现，且杜绝出现其竞争产品的信息。

表 3-4 所示为电子竞技赛事执行手册中的警告处罚通知单和说明。

表 3-4　警告处罚通知单和说明

内容	说明
警告处罚通知单	根据处罚等级不同，信息会有所修改
SP2 战队（A）由于在 2020 年 11 月 20 日第一场的比赛过程（B）中有以下行为。	A.　进一步明确处罚对象 B.　强调处罚时间
1.　在比赛结束前摘下耳机 2.　在比赛结束前退出游戏	详细说明违规情况
按照《参赛选手相关规则》，进行两次警告，现已经累计两次警告处罚（A） 若再有比赛违规行为且被警告处分累计三次，则会立即判负，情节严重者则会直接取消比赛资格（B） 请参赛选手注意以后的比赛行为	A.　说明处罚依据以及处罚结果、累计处罚次数 B.　相关警示
SP2 战队队长签字：_____ 11 月电子竞技大赛赛事组委会裁判签字：_____	相关人员签字确认

3.1.4　电子竞技赛事执行手册

在现场工作中，赛事执行相关工作者一般都将赛事手册作为重要的行为准则依据。在部分情况下，赛事现场的执行人员并不是专业的电子竞技赛事的从业人员，加上赛事目的、背景不同，即便是相似的电子竞技赛事的实际要求也可能完全不同，所以一本详尽的执行手册，规则远比常规比赛烦琐，包含的细节也更多。

1. 执行手册的基本构成

执行手册通常包括比赛背景（目的）、比赛要素、比赛流程、比赛规模及人员构成、布置方案、流程控制表、保障方案、各种清单和人员分工等内容。

比赛背景（目的）。一般而言，先由投资方提出要求，再由赛事方按照要求将其完成，最后交由投资方进行审阅（也有双方同时完成的情况存在）。只有在双方满意的情况下，才会进行下一个环节。比赛背景也可能随着实际情况进行修改。比赛背景在比赛邀请函、新闻稿中也会有所体现，主要是让参会人员和工作人员对活动有基本的认知。

比赛要素。比赛要素一般包括比赛主题、举办时间、举办地点等。

比赛流程。比赛流程是指比赛既定的议程，可以概括为赛前准备环节、赛中执行环节和赛后归纳总结环节。

比赛规模及人员构成。比赛规模及人员构成是指比赛既定的参加人员总数和构成。比如一场电子竞技比赛的比赛选手为多少人，其中异地战队的有多少人，本地战队的有多少人。除比赛选手外，同样也需要考虑其他相关人员的规模与构成。其他相关人员包括：比赛选手相关工作人员，例如教练、领队、投资商代表、合作机构代表等；赛事方赛事专业人员，例如裁判、OB、赛事解说；赛事相关执行服务人员，例如保安、接待员、啦啦队员、服务员、志愿者等。除统计人数外，还要考虑分工、责任归属、能力等诸多方面的因素，总体目标是便于管理、执行与责任划分。

布置方案。布置方案是指图文并茂地呈现确定的场地布置方案，包括 3D 部分的平面布置图、3D 效果图、人员流动示意图、主要尺寸图和设计小样、设计尺寸、制作材料、制作数量等。

流程控制表。流程控制表主要是指针对活动现场部分的音响系统、视频系统、灯光系统、舞美道具、礼仪、节目演出、摄影摄像和环节催场等工种的工作说明，并要求各工种在活动流程进行到某一时间节点要完成相应的工作。

保障方案。保障方案包括各种接待工作、设备检测、安全保障、突发事件的应对方式等方案，以保障比赛顺利举办。

各种清单。各种清单是指比赛执行所需的各种人员、物料的汇总表，主要包括设计制作清单、音频与视频设备清单、礼品清单、工作人员联络表、现场音频和视频文件清单、节目清单等。

人员分工。人员分工是指对比赛执行相关人员的组织架构、上下级关系和工作职责进行说明。

总之，在撰写电子竞技赛事执行手册时要特别注意细节，把赛事执行当作拍摄一部电影，把每一个环节当作一组镜头，不断在脑海里回放，反复推敲每一个细节。

2. 相关人员的接待问题

针对从外地来的参赛人员，有必要做好接待工作。一般而言，这也是赛事执行手册中十分重要的组成部分。

相关人员的接待通常需要注意以下事项。

相关费用说明。无论是否报销相关费用，都有必要事先说明，并且做出一定的规范与要求。

各种接待活动。一般包括安排食宿、比赛和工作之余的娱乐活动，赠送礼品，陪同参观以及必要的应急预案。相关人员的不同要求要在合理的范围内尽可能地满足。如果涉及人员过多或人员构成较为复杂，有必要合理地差异化对待。

日程安排表。需要当事人参与的活动，应当给予其专门的日程表，内容包括但不限于活动时间、地点、周边地图、安排说明和相关负责人联系电话等。

非比赛相关的工作任务，均不必强制相关人员参加。

3. 案例模板

赛事执行手册（仅为示例）的案例模板如表 3-5 所示。

表 3-5　赛事执行手册

内容	说明
一、行程安排 （1）报名 （2）签到安排 （3）比赛安排	安排好具体时间才可以更好地计划内容。如果有外地队伍前来参加比赛，除安排较长签到时间外（视比赛规模而定，一般为正式比赛前的一到两天），也要提供相关的住宿信息等
二、奖励相关说明 具体奖励说明，以及奖金分配规则等	除常规的金钱奖励外，可以根据自身实力提供相应的荣誉、纪念品等奖励

三、工作人员结构配置

根据具体情况的不同，可以分别采用职能结构、矩阵结构和项目结构配置工作人员。

注：主要针对较为传统的职能部门进行说明。

部门	负责人	成员	职责
赛事组委会	略（下同）	略（下同）	统领整个比赛的策划与执行
协调			协调不同部门之间的配合
赛事管理			负责相关赛事管理工作，为相关人员提供高质量的赛事服务，保证赛事的高质量与观赏性。另外也负责奖杯、奖金、赛事数据的记录等相关工作
赛事组织			负责赛事的组织和实施，如比赛日程、比赛环境等
内容制作			利用官方优势，第一时间制作并输送相关高质量的内容

左侧所示的是相对常见的传统职能部门，根据比赛规模可以进行修改和整合

续表

内容	说明

续表

部门	负责人	成员	职责
选手管理			对参与比赛的人员进行组织和管理，例如比赛期间的食宿、比赛规则的通知、对选手的言行进行监督管理等
（电竞）技术			负责技术相关的工作，如裁判、赛事解说等
市场宣传			对赛事进行宣传活动，提高赛事影响力，如寻找、吸引赞助商，处理公关事件等
商务合作			确保赛事的营利能力
其他			负责非电子竞技相关专业的工作，包含安保、现场服务、啦啦队等

四、相关补充说明

如权益声明（最终解释权）、不遵守规则的后果和处罚等

4. 具体案例

在实际比赛中，对于技术含量不高或者是可替代性较强的工作，一般专业的赛事机构出于成本等因素的考虑，并不会长期雇佣从事此类工作的人员，而是选择在比赛前，由第三方提供人员或聘请兼职人员从事。虽然这些工作的执行人员是临时雇佣的，但其工作水平也会影响整体的赛事质量，所以有必要参照电子竞技赛事执行手册对其进行简单的培训。

表 3-6 和表 3-7 所示为某电子竞技活动的第三方 / 兼职人员执行手册内容。

表 3-6　兼职分工表

时间	职责	人数	具体内容	备注

时间。不是简单的年、月、日。时效性比较强的环节，如送餐、接送等一般要精确到分钟。如果赛事时间较长或中间穿插有节假日、工作日等，一般也会额外备注"比赛第一天"等信息。

职责。简单的工作内容、区域等。例如选手接送机、舞台灯光、选手休息区服务等。要尽可能地将职责细化，不能因为职责类似或者区域相同，就将两者合并为一个。

人数。根据工作的复杂性、强度、内容范围等确定。

具体内容。明确分工、任务等。

备注。一些其他内容，例如接送机费用是否报销、报销额度为多少等。

表 3-7　兼职签到考勤表

序号	职责	上班签到	下班签到	综合表现	考勤类别	符号	备注

以下为表中部分项的说明。

序号。由于上班、下班时间较为集中、固定，签到时很可能出现拥挤等现象。为了提高签到效率，比赛期间，对于多次参与本赛事工作的员工，可以设定固定序号。

综合表现。指定一人或者多人对工作表现进行综合考核。

考勤类别 / 符号。根据具体情况，可以出现多种考勤类别，并设定符号进行标记。

电子竞技赛事执行兼职规范主要内容如下。

① 本次活动统一由 ××× 负责。

② 请勿迟到、早退，累计两次以上将根据具体情况扣发劳务费用。

③ 请服从甲方工作人员的流程安排，其他供应商及主办方的需求需预先告知甲方工作人员再进行工作的安排。

④ 工作态度消极，不配合、不接受甲方的工作安排，将视情况扣发部分劳务费用。

⑤ 请做到基本的仪容整洁和服装清洁，工作期间注意言行举止。

⑥ 请在甲方规定时间内完成双方事先沟通、安排的工作内容，如造成影响正常活动流程、拖延作品完成时间等情况，将视情况扣发部分劳务费用。

⑦ 工作时间内除特殊情况外，擅自离开甲方指定岗位（指定工作地点）、扎堆闲聊、玩手机多于一次者，视情况扣发部分劳务费用。

⑧ 妥善保管工作证、服装、入场券及其他工作设备。

⑨ 未经过甲方工作人员同意，请勿接受任何采访或与选手签名、合影。

⑩ 注意自身安全并妥善保管好自己的财物。

⑪ 在赛事举行期间，必须遵守甲方所定的规则和要求，不得无故不参加已约定的工作等事宜。如不参加已约定的工作，必须提前向甲方工作人员说明情况并征得同意，若在甲方不同意的情况下未参加已约定的工作将扣除部分劳务费用。

⑫ 承诺积极维护甲方及赛事的声誉，无论何时均不得以任何形式发表不利于甲方及赛事的言论。

⑬ 未经甲方同意，不得向任何第三方泄露本合同的任何条款、合作内容、本合同的签订和履行情况，以及参加赛事而获知的甲方的任何机密信息。

⑭ 双方因不可抗力因素不能履行合同，根据不可抗力的影响程度，部分或者全免除责任（法律另有规定的除外）。但受不可抗力影响的一方应及时通知对方，以减轻可能给对方造成的损失，并应在合理期限内提供证明。

⑮ 赛事期间进行任何违法行为或违反社会治安相关条例行为（打架斗殴等），直接移交公安机关，与甲方无关。

⑯ 赛事期间禁止携带易燃易爆、腐蚀性危险品和管制刀具。

⑰ 赛事期间未经允许不得挪用现场礼品、设备及相关物料。

⑱ 赛事期间需在甲方规定区域及时段内用餐。

3.2 项目分析

根据具体情况的不同，各项电子竞技赛事规则有不同的侧重点。

表 3-8 所示为 CS:GO 2020 年职业联赛线上赛事规则。

表 3-8　CS:GO 2020 年职业联赛线上赛事规则

规则例文	说明
2020 完美世界 CS:GO 职业联赛亚洲区夏季赛（PERFECT WORLD ASIA LEAGUE SUMMER 2020，PAL）	比赛名称 在重大比赛、国际比赛中，除给出对应的多语言和简称外，还应注意给出时间、主办方、比赛游戏、比赛性质等。应在有限的字数内，尽可能将上述元素表现出来

续表

规则例文	说明
赛制 PAL 海选赛共分为两轮，每轮晋级一支战队进入 PAL 正赛 第一轮：中国区海选。 第二轮：亚洲区海选。 每轮海选选出 4 强之前为 BO1 单败淘汰赛制，选出 4 强后均为 BO3 单败淘汰赛制 第一轮海选赛时间：6 月 18 日—6 月 19 日 第二轮海选赛时间：6 月 20 日—6 月 21 日（具体赛程请关注完美对战客户端或完美世界 PAL 赛事专题页）	赛制说明 基本赛制规则相关说明： 淘汰赛制还是循环赛制，有无复活赛，比赛时间，奖励相关，报名规则等。 同时，如果有额外要求，比如高校联赛一般要求参赛选手为高校学生，网吧赛对选手所属地区、本网吧消费有一定要求等，也可以在此环节做出要求。 本例所示为亚洲区域的赛事，可以根据具体情况，进行一些额外的说明和要求
比赛规则（请参赛选手仔细阅读） 参赛资格 中国区海选：仅限中国区战队报名参加 亚洲区海选：仅限亚洲区战队（中国区战队除外）报名参赛	比赛规则说明 规则主要分为： • 参赛资格 • 赛制细则 • 违规行为及处罚
比赛地图池（随 V 社官方赛事竞技地图池更新） Dust2, Inferno, Mirage, Vertigo, Overpass, Nuke, Train 比赛服务器 上海服务器、北京服务器、杭州服务器、深圳服务器、成都服务器、香港服务器 * 请各参赛战队提前准备好参赛网络。选手可以提前在对战平台练枪服测试、优化自身网络	• 意外事件及应对方法 • 禁止事项 • 最终权力 应该力争对所有可能遇到的问题进行说明

规则例文	说明
BO1 比赛 • 比赛房间就绪后，双方各选择一名队长，Roll 点，点数大的一方有权力选择己方或者对方先禁用（VETO） • 双方依次禁用地图，直到剩下最后一张地图 • 双方依次禁用服务器，直到剩下最后一个服务器 • 双方拼刀选择起始阵营 **BO3 比赛** 比赛房间就绪后，双方各选择一名队长，Roll 点，点数大的一方有权力选择己方或对方先 VETO **VETO 顺序** • A 战队禁用 1 张地图 • B 战队禁用 1 张地图 • A 战队选择第 1 盘比赛地图，B 战队在进服务器后选择起始阵营（CT 或 T） • B 战队选择第 2 盘比赛地图，A 战队在进服务器后选择起始阵营（CT 或 T） • A 战队禁用 1 张地图 • B 战队禁用 1 张地图 • 每盘比赛开始前双方依次禁用服务器，直到剩下最后一个服务器 • 最后 1 张地图为第 3 盘比赛地图。双方拼刀选择起始阵营（CT 或 T） **暂停 / 战术暂停** • 每盘比赛（即每张地图），每支战队最多可以叫 4 次战术暂停 • 每局比赛，每支战队最多只能叫 1 次战术暂停 • 每次战术暂停的时间为 30 秒 • 在需要技术暂停的时候，战队队员必须使用 pause 命令激活技术暂停，技术暂停将从下一局开始；恶意使用技术暂停，将被判负 • 在未产生任何伤害的每局前 60 秒，如遇技术问题，可通过 stop 回档到本局开始；一方请求 stop 后，需另一方同意（在聊天框输入 stop），方可回档。如果遇到技术问题导致的纠纷，将由裁判介入，根据服务器 log 和规则做出最终判决	

续表

规则例文	说明
迟到 若在规定的比赛开始时间 15 分钟内，人员未到齐的一方将被系统自动判负；若双方均未到齐，则双方均为负 服务器崩溃 遇上极端的服务器崩溃的情况，本局比赛将从已完成的、最后被记录的那局比赛开始；被回滚的该局比赛将总是从冷却时间开始，无论在服务器崩溃时有多少击杀已经发生 地图利用与键位绑定 • 允许在队友的协助下达到游戏内单个玩家无法达到的高度或位置，但严禁利用此高度或位置所造成的游戏内质地、纹理、墙壁、地面或天花板的改变（变得透明或可以穿射，即 clipping——使用超出地图范围的视野和空间） • 严禁"像素点漫步"（Pixel Walking），即利用地图边缘像素点达到超过地图到达范围的行为。游戏玩家操纵其游戏内角色出现或站立在不可见的地图边缘将被视为"像素点漫步" • 严禁将雷包安装在无法被拆掉的区域内，严禁将雷包安装在任何与游戏内固态对象无接触的区域内，严禁将雷包安装在无法发出正常"哔哔"警示音的区域内 • 严禁利用任何游戏内对象遮盖或掩护已埋下的雷包以使其完全不可能被拆除 • 严禁穿过游戏内固态对象拆除雷包 违规和取消资格 • 参赛队伍必须认可玩家对战玩家（Player Versus Player，PVP）客户端的反作弊封禁效力 • 作弊。使用任何游戏辅助软件将导致永久禁止参加任何完美世界电竞主办的电子竞技赛事。账号存在反作弊战术（Valve Anti-Cheat，VAC）封禁的个人禁止参加本届 PAL 系列赛，一经发现立即取消资格及成绩 • 禁止参赛。在过去 2 年内（2018 年 6 月 1 日至今）有相关不良比赛记录的，包括但不限于假赛、代打等，禁止参加此次 PAL 资格赛	

续表

规则例文	说明
阵容锁定 • 海选赛阶段，截至首场比赛赛前 15 分钟，锁定队伍成员名单，不允许换人，除非遇到不可避免的情况。战队晋级，必须保持阵容与海选赛一致 战队队标和昵称 • 请严格遵守中国法律法规，严禁中国法律禁止的词汇、网站、产品、公司等出现在战队队名、队标和队员昵称、对话中，包括但不限于博彩、竞猜、涉黄涉暴等词语 • 主办方可能根据转播需要，对战队队名、队标和队员昵称进行调整 • 战队需要配合主办方直播比赛 • 战队及选手禁止直播自己正在进行的比赛 最终权限 主办方拥有对本规则相关事宜的最终处理权和解释权	

从 3.1 节和 3.2 节中大家可以了解到电子竞技赛事执行的基础知识。为了让大家可以更加熟练、灵活地运用以上知识，这里布置以下两个相关任务，希望大家跟随指引完成，从而初步具备制定赛事规则的能力。

3.3 任务 1 撰写电子竞技赛事规则

赛事规则是为保证竞赛正常进行、维护良好的竞赛秩序而制定的统一规范和准则。同时，为了进一步提升比赛的对抗性和观赏性，以及保证赛事之外的盈利，粉丝黏性、广告宣传等也会在一定程度上影响赛事规则。

赛事规则的内容包括裁判的名称和职责、竞赛的组织和方法、评定成绩和名次的方法，以及有关场地、设备和器材的规格等。

任务要求

在对电子竞技比赛规则有一定了解之后，针对 3.1.2 小节中"课堂互动环节"介绍的情况，撰写相关赛事赛制规则和比赛规则，具体要求如下。

① 线上模式或者线下模式任选其一。

② 对赛事规则的选择做出合理解释。

③ 在满足优先目的的情况下，赛事规则要尽可能地保证赛事公平与公正。

3.3.1　子任务 1：根据赛事目的，适当调整赛事规则

➤ 任务背景

孙七是"课堂互动环节一"中的公司的一名普通员工，同时也是电子竞技爱好者，为了响应领导号召，积极准备比赛相关事宜。

其间，孙七发现领导和其他管理人员虽然会玩该游戏，但水平较差，如果按照常规进行比赛，大概率会在初赛就被淘汰，因此他十分苦恼。

➤ 任务操作

该比赛为公司的团建活动，属于竞技娱乐比赛，所以其目的并不是决出公司内游戏水平最高的玩家。如果只是单纯依靠对领导放水、给领导安排水平较高的队友，虽然领导可能获得胜利，但结果并不能让所有人满意。

在此情况下，应该如何在赛事规则方面做出一定调整，从而达到比赛目的？

请参照 3.1.3 小节中介绍的"竞技娱乐中弥补实力差距的规则"调整部分规则，并说明理由。将最终调整结果填入表 3-9。

表 3-9　规则调整和说明

调整前的规则	调整后的规则	说明

3.3.2　子任务 2：制定小型电子竞技赛事规则

➢ 任务背景

完成部分赛事规则的调整后，孙七需要制定一套完整的赛事规则，保证比赛正规地进行。赛事规则内容包括报名规则、组队规则、裁判及选手义务、判罚规则、异常情况的处理、名次奖励说明等要素。

➤ 任务操作

参照 3.1.3 小节中的赛事规则，按 3.1.2 小节"课堂互动环节"中的要求制定电子竞技赛事规则。

3.3.3　巩固思考练习

在常规的电子竞技赛事中，有一些并非以竞技为第一目的的娱乐赛事，例如全明星赛、表演赛等。请以娱乐观众为目的，针对以下情况，制定、修改赛事规则。

① 参赛双方实力悬殊。

② 参赛方打法过于保守，缺乏观赏性。

3.4　任务 2　撰写电子竞技裁判规则

为了更好地达到比赛目的、规范比赛行为、弘扬电子竞技精神，在比赛过程中，裁判必须坚决执行赛事规则。裁判规则就是引导裁判进行不同裁决的重要行为准则。一般而言，在完成主要赛事目的的前提下，应保证裁判规则公正公平，且有较高的可执行性。

任务要求

① 根据具体情况，撰写裁判规则等。

② 确保裁判规则的可执行性。

③ 有多名裁判时，确定各位裁判各自的职责。

3.4.1 子任务 1：撰写赛事裁判规则

➤ 任务背景

某地举办了一场电子竞技比赛，但由于没有专业的电子竞技裁判，所以需要负责比赛的工作人员尽快撰写电子竞技裁判规则，以供参考并有效执行。

➤ 任务操作

参考"表 3-3 某校电子竞技赛事裁判规则和说明"，撰写裁判规则。由于临时充当裁判的人并不一定熟悉游戏，所以尽可能不使用游戏中的术语，必须使用时则应该对其进行解释说明。

其中需要特别注意的要素：明确每场比赛的责任人、进行处罚必须慎重、处罚与通知必须存档，必要时应写明裁判工作的常规流程、处罚的可执行性等。

3.4.2 子任务 2：撰写处罚通知单

➤ 任务背景

在一场电子竞技比赛中，某战队的一名队员恶意拖延比赛时间，做出种种不文明行为（如嘲讽对手等），必须根据相关规则对其进行处罚。

➤ 任务操作

参考"表 3-4 警告处罚通知单和说明"，依照提示完成表 3-10，撰写一份电子竞技赛事处罚通知单。

表 3-10　处罚通知单

具体内容	提示
	处罚通知单名称，其中应包括处罚等级（如警告）
	处罚对象 此外还应该明确时间、比赛场次等相关信息
	违规行为 重点说明
	说明处罚依据以及处罚结果、累计处罚次数，也可以给予一定的相关警示
	处罚责任人签字（可以是本人，也可以是代表） 发布时间

3.4.3　巩固思考练习

① 虽然电子竞技赛事中的裁判依靠电子设备数据做出客观判罚，但在实际比赛中会出现一些违规行为，如疑似嘲讽对手、疑似故意拖延比赛时间、疑似假赛等，这些行为需要裁判进行主观判罚。在这种情况下，如果判罚被人质疑不公正，应该如何处理？

② 若裁决公布后，裁判组发现某项裁决有误，应该如何处理？如何避免误判，或者将误判的影响降至最低？

学习单元 4

电子竞技赛事宣传

单元概述

本单元面向的工作领域是电子竞技赛事宣传，主要介绍电子竞技新媒体的概况、新媒体内容传播及常见平台等。本单元包括两个学习任务，分别为电子竞技微信公众号内容制作、熟悉电子竞技在线多媒体设计工具，通过模拟电子竞技赛事场景的实际操作来强化相应的内容制作方法，尤其是针对不同的使用场景设计具有针对性的功能与内容。

知识目标

了解电子竞技新媒体的特点；

知晓电子竞技新媒体的内容传播方法；

掌握电子竞技新媒体常见平台。

技能目标

能够根据电子竞技赛事宣传的目的，对电子竞技新媒体进行分类；

能够注册并使用微信公众号，进行电子竞技赛事宣传内容发布；

能够使用新媒体相关软件，完成电子竞技赛事宣传的内容制作。

4.1　基础知识

电子竞技作为信息技术的产物，其赛事在组织架构、内容制作、宣传推广等方面具有互联网时代的特征，而随着互联网与移动互联网的飞速发展，新媒体作为传播信息的重要渠道，能够有效提高电子竞技赛事的宣传推广质量和效率。电子竞技与新媒体的结合，既可以将电子竞技赛事作为主体进行宣传推广，也可以将新媒体平台作为主体进行流量变现。新媒体已经成为电子竞技赛事宣传的重要渠道。

电子竞技从业人员应该紧跟时代步伐，掌握新媒体内容创作和运营推广的技能，提升就业竞争力，拓宽就业面。

4.1.1　电子竞技新媒体概况

电子竞技与新媒体的关系非常微妙。一方面，可以将新媒体平台作为主体、电子竞技相关信息作为内容，服务于电子竞技行业或者电子竞技爱好者，这方面的例子有电竞世界、人民电竞、电竞大生意等公众号；另一方面，可以将电子竞技作为主体，将新媒体运营作为手段，服务于电子竞技项目或赛事，这方面的例子有 DOTA2 刀塔、腾讯电竞、英雄体育 VSPO 等公众号。当然，两种做法并不冲突，因为在信息时代，不论是以什么为主体，最终目的都是传递信息，进而创造价值。

1. 电子竞技新媒体的概念

随着我国互联网及移动互联网技术进一步成熟，无限流量不断普及，上网门槛不断降低，移动端用户不断增加，人们对信息传播的简单、快捷和趣味性的需求进一步增加。从碎片化阅读到短视频观看，已经成为大量用户的习惯行为，新媒体可以说是信息传递效率极高的媒介。常见的微博、微信、小红书、抖音、哔哩哔哩等是新媒体的代表，另外，直播平台如虎牙、音乐平台如网易云音乐等垂直类型应用，也是新媒体。无论是个人还是企业，都可以通过这些渠道进行信息传递。关于新媒体的定义主要如下。

新媒体是由所有人面向所有人进行的传播（communications for all by all）。

——美国《连线》杂志

新媒体是一个不断变化的概念，在今天的网络基础上又有延伸，无线移动终端等与计算机相关的，都可以称为新媒体。

——清华大学教授熊澄宇

新媒体指的是在数字传播技术的支持下，人们为了达到所有人对所有人沟通信息的目的，发明和创造出来的承载信息的各种载体的总称。

——周艳，《新媒体理论与实务》

通过以上定义，我们可以总结出新媒体的内涵及特点。

首先，新媒体是数字技术、新信息传播应用形态和媒体三者融合发展的产物。如果没有数字技术的支持，我们可能还是利用传统媒体（报纸、杂志、广播、电视等）作为介质和载体，将信息从一个地方传递到另一个地方。

其次，新媒体构建了新的传播形态，内容表现形式变得多样化，在接收方式、观看方式、生产方式、媒体角色等方面也有了质的变化。

最后，新媒体传播是一个开放且动态的过程，是为满足用户群体信息的个性化需求而不断去中心化的过程，也是对用户群体新的信息共性化需求再中心化的过程。新媒体终端不断分化，内容和业务分发呈现出碎片化状态。同时，因为多重网络融合、新传播形态和方式的出现，新媒体对碎片化用户群体进行重新聚合，形成新的群体概念。例如，社交媒体上的用户就是一个一个重新聚合的群体。

电子竞技新媒体就是以电子竞技为主要内容来运营的垂直类新媒体的总称，是新媒体的一个垂直分支，并且存在于各个新媒体平台。

下面通过实例帮助大家了解电子竞技新媒体的发展。

"游戏风云"频道是国内最早的电子竞技新媒体之一，是游戏类内容付费电视频道，隶属上海东方传媒集团，2003 年获国家广播电影电视总局（现国家广播电视总局）开办许可。频道以"弘扬健康游戏文化，服务广大游戏受众"为理念，"游我所爱，任我风云"是该频道的口号。

该频道围绕游戏玩家，定位有线网络、IPTV 及互联网，依托高新技术传播手段，以优秀、高质量的游戏资讯、赛事及娱乐视听内容为产品，致力于搭建一流的综合类新兴媒体平台，打造我国游戏电视第一品牌。游戏风云以付费频道电视节目为基础，发展出直播、门户、自媒体、大型赛事活动等。

拥有官方背景的游戏风云频道，节目素质过硬，内容采编、播出规范，按照正规电视台制作流程制作并播出节目，起点较高，很快获得用户的认可。

游戏风云频道巅峰时期，业务发展迅速，有全国电子竞技电视联赛、电视直播节目（当时还没有直播平台）。目前电子竞技新媒体行业中的很多实力派人物曾任职于游戏风云频道。

随着越来越多新媒体平台的出现，以及视频平台、直播平台的兴起，用户有了更多选择。目前游戏风云频道虽然还在不断更新，业务板块也比以前丰富，但其市场地位有所下降。

　　游戏风云频道的发展变迁，是非常典型的电子竞技新媒体发展案例。游戏风云频道与电子竞技行业同步发展，其发展和变化符合新媒体的特点以及发展规律。虽然在目前的电子竞技新媒体市场中，游戏风云频道已经没有当初那么大的影响力，但是游戏风云频道陪伴了一代电子竞技人和电子竞技迷，从频道"走出来"的很多从业者开拓出了更广阔的电子竞技新媒体市场。

2. 电子竞技新媒体的作用及特点

　　电子竞技新媒体的本质是通过音频、视频、图文等多种形式，结合不同的新媒体平台特点，发布用户感兴趣的内容，从而提高流量与增强用户黏性。电子竞技新媒体的具体作用大致有以下几方面。

　　（1）作为电子竞技内容的传播渠道

　　和传统体育一样，电子竞技比赛依赖电子竞技新媒体将内容传播出去，从而进一步提升关注度与知名度。

　　（2）打造多层次的活动，提升观赛玩家参与感

　　新媒体的互动性，让玩家能够通过电子竞技新媒体参与内容共建，如比赛互动、直播互动、视频创作、自媒体内容创作等。这些内容是电子竞技文化的重要组成部分。

　　（3）加深人们对电子竞技的了解

　　在大众心目中，电子竞技和传统体育赛事还是有区别的，特别是在十年以前，电子竞技还不被大众广泛接受。近年来，经过电子竞技新媒体的传播，越来越多的人看到电子竞技、了解电子竞技，从而推动电子竞技赛事飞速发展。

　　（4）增加战队及选手的曝光度，构建良性循环的赛事生态

　　日益发展的新媒体技术，具有方便、快捷、信息量大、传播范围广、传播速度快

等特点，专业的直播、转播技术让电子竞技赛事的直播、转播水平已经可以和传统体育赛事比肩。

电子竞技新媒体是新媒体的垂直分支，除具有新媒体的普遍特点外，还具有其他类型新媒体没有的特点。

（1）受众年轻化

用户是接收信息的主体。明确电子竞技用户是电子竞技新媒体内容制作与宣发的前提。受游戏属性、竞技属性的影响，电子竞技用户呈现年轻化的特征。企鹅智库、腾讯电竞、《电子竞技》杂志联合发布的《2021 版中国电竞运动行业发展报告》数据显示，24 岁及以下用户占 29.9%，45 岁及以上的用户仅占 12.8%，如图 4-1 所示。另外，男女比例逐步接近，其中男性用户占比 61.1%，女性用户占比 38.9%。这对电子竞技新媒体的策划和运营有很大影响。

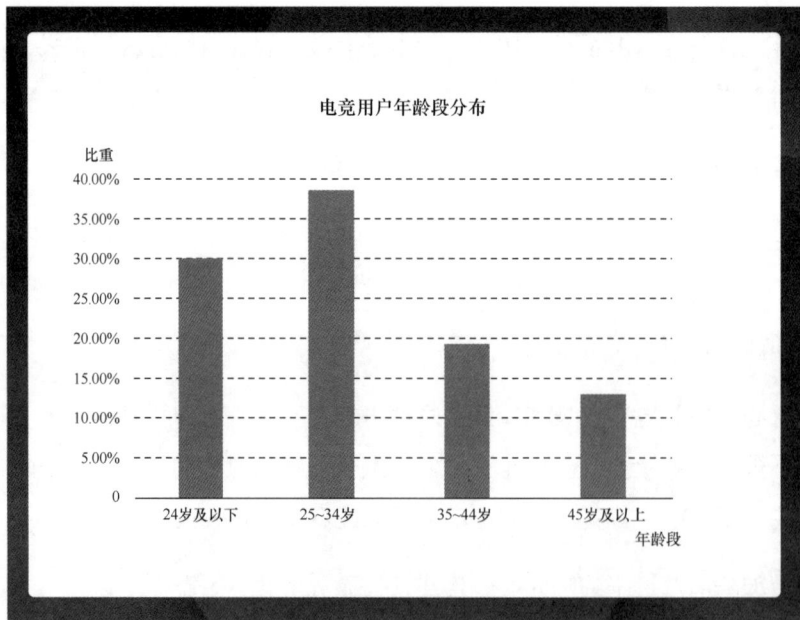

图 4-1

（2）以电子竞技产品和赛事为中心

对电子竞技游戏本身，电子竞技新媒体用户有很大黏性，所以电子竞技新媒体的优势在于用户连接精准，如果运营得当，用户不易流失。但是其缺点在于不同游戏，如 MOBA 游戏中的 DOTA2、《英雄联盟》和《王者荣耀》用户重叠度较低，不同游戏的用户甚至可能互斥，即喜欢游戏 A 的用户大概率不会喜欢游戏 B。另外，电子竞技和传统体育竞技不一样，因此还要考虑游戏本身生命周期的问题。

（3）发展空间大

正是因为电子竞技赛事和电子竞技新媒体还处于发展阶段，所以电子竞技新媒体还有很多的发展机会。电子竞技游戏的不断迭代、新媒体形式的多样化、专业团队的不断加入，使得电子竞技新媒体正以前所未有的速度向前发展。

4.1.2　电子竞技新媒体内容传播及常见平台

在新媒体时代，媒体的舆论生态、媒体格局、传播方式都发生了较大变化，因此我们不仅要关注宣传方式、渠道，还不能忽视内容，内容质量高始终是做好新媒体的内在要求。向广大受众提供更具深度、更专业、更多元的内容，在内容、报道方式等方面进行创新，形成以内容为核心，以渠道、技术、产品为路径的全新格局，这是电子竞技行业在利用新媒体进行宣传时的核心要素。

1. 电子竞技新媒体内容传播

电子竞技泛娱乐化发展，既符合观众要求又契合资本利益，是一种必然的趋势。

电子竞技渴望走向更广阔舞台，在扩大自身影响力的同时带来更多的利益。无论是年末各项奖项评选中电子竞技圈知名选手的上榜，还是电子竞技电视剧和电子竞技综艺的不断推出，都是电子竞技行业渴望走出原本的地盘，开始主动或被动地向泛娱乐化发展的表现。

作为如今非常有效的传播平台，新媒体运营的关键还是在于内容。因此电子竞技在进行赛事宣传时，应该利用以下几个方面进行内容传播。

（1）围绕话题人物

在当今电子竞技赛事中，极受广大用户关注的莫过于选手。选手拥有不亚于影视明星的知名度以及身价，而且娱乐圈明星也与电子竞技圈进行互动，从而实现双赢。结合这一特点，新媒体可以专门针对热门选手、影视明星、主播、赛事解说等进行宣传内容的制作。

赛事的参与主体在当今的电子竞技赛事体系中是俱乐部或战队。在比赛开始前与比赛开始后，为提高广大爱好者的热情与参与度，新媒体可以借助热门战队或黑马战队进行内容制作。

另外，电子竞技观众是电子竞技行业的服务对象。新媒体可以围绕观众进行内容制作，提高观众的参与度与赛事的亲和力。

（2）围绕核心事件

随着近几年的快速发展，电子竞技赛事形成了更加体系化的运作模式，赛事的参与者基数有明显的增加，赛事的质量有了明显提高。有些地方将电子竞技作为区域经济新的增长点，也赋予了电子竞技新的功能。综合以上特点，新媒体在进行赛事宣传时，可以结合赛事的主题、意义进行内容制作。

为提高赛事宣传的内容完整性、吸引参与者的持续关注，新媒体通常在赛事开始后，会对海选赛、外卡赛、小组赛、淘汰赛、明星表演赛甚至一些相关的线上线下活动持续进行报道或宣传。

（3）围绕重点事物

无论是电子竞技赛事还是其他领域的宣传，激发参与者的好奇心是调动其积极性的重要手段。新媒体可以通过对观赛场馆台前、幕后、观赛路线等的介绍，对赛事进行预热；通过虚拟现实（Virtual Reality，VR）、增强现实（Augment Reality，AR）、混合现实（Mixed Reality，MR）等新科技对观赛体验进行介绍；等等。

　　媒体在进行内容传播时，无非就是围绕"人""事""物"三个方面进行创作，而电子竞技新媒体的内容传播应结合电子竞技本身的特点，产出能够吸引参与者的内容，再针对不同平台进行传播形式的匹配，这是电子竞技新媒体内容传播的核心方法。

　　在电子竞技比赛中，电子竞技内容的传播形式与传播内容如图 4-2 所示。

信息传递

文字　信息传递主要的载体和形式　赛事介绍、赛事战报、深度软文、小说连载等

图片　图片作为信息载体有很强的冲击性和易读性　赛事主视觉海报、战队/俱乐部海报、解说人员宣传海报、赛事主题海报，以漫画形式呈现的赛事战报、赛事趣闻等

视频　移动时代极受欢迎和极易传播的信息载体　赛事宣传片、场馆指引视频、选手视频等传统视频，预热、征集类短视频

音频　纯音频的信息传递方式适合一些特殊的平台　对战中的战队交流、场间休息的沟通等

图 4-2

2. 电子竞技新媒体常见平台

　　电子竞技的传播是沿着传统媒体到新媒体的路径发展的，从纸质媒体到电视，都能够看到电子竞技的身影。随着新媒体发展得越来越符合年轻人获取信息的习惯，电子竞技也借助自身的特性，将内容传播发挥得淋漓尽致，较具代表性的就是直播平台，如斗鱼、虎牙、哔哩哔哩等。

　　表 4-1 所示为电子竞技新媒体常见平台，包括直播平台、电子竞技媒体、大众媒体、

视频媒体、社群社区、线上广告等。

表4-1　电子竞技新媒体常见平台

平台类型	常见平台
直播平台	斗鱼、虎牙、哔哩哔哩、快手、抖音等
电子竞技媒体	MAX+、玩加电竞等
大众媒体	网易、搜狐、澎湃新闻等
视频媒体	哔哩哔哩、抖音、快手等
社群社区	贴吧、微博、虎扑、知乎等
线上广告	搜索广告、贴片广告等

从4.1节中大家可以了解到电子竞技新媒体的特点、内容传播以及常见平台等相关知识。为了让大家能够具备在电子竞技赛事宣传过程中所需的新媒体内容制作与宣发能力，接下来布置两个相关任务，大家可以试着自行完成相应的工作，以加强对电子竞技赛事宣传及新媒体的认知，培养一定的制作、宣发能力。

4.2　任务1　电子竞技微信公众号内容制作

在微信公众平台上成功注册的账号称为"微信公众号"。微信公众号的口号是"再小的个体，也有自己的品牌"，由此可见，不管是个人、企业还是媒体等，都可以利用微信公众平台将品牌推广给微信用户，以此来提升品牌的知名度。

微信公众号分为两种：一种是服务号，另一种是订阅号。服务号推送的信息会直接以好友对话的形式出现，但每月只能推送4次；服务号认证后能获得更多的功能，如高级接口功能、微信支付—商户功能等。订阅号推送的信息则会在"订阅号消息"中出现，每天都能推送1次，其传播力强，可以保证及时把信息传递给用户，加深用户的印象；而认证后的订阅号只有部分可以开通微信支付功能。

由于电子竞技宣传过程中的目的是传播信息，因此使用的一般是微信订阅号。

任务要求

① 注册电子竞技赛事宣传的微信公众号。

② 完成电子竞技赛事简报制作与推送。

4.2.1　子任务 1：注册电子竞技赛事宣传的微信公众号

➤ 任务背景

小虎是刚入职新媒体公司的实习生。由于公司计划开展电子竞技方向的新业务，因此要求小虎注册一个电子竞技相关的微信公众号。

➤ 任务操作

PC 端和移动端都可以注册微信公众号，本次任务建议使用 PC 端进行。因为是任务模拟，所以不需要完成公众号认证工作。注册完成以及验证后，完善公众号的信息，比如设置头像、运营者相关信息，进入网页下方的"运营中心"学习运营规范。微信公众号注册流程如图 4-3 所示，将完善后的信息填入表 4-2。

图 4-3

表 4-2　微信订阅号信息完善

设置	内容
名称	
头像	

续表

设置	内容
介绍	
运营者微信号	

4.2.2　子任务 2：完成电子竞技赛事简报制作与推送

➢ 任务背景

小虎完成了公众号的注册工作，进入了测试阶段，需要进行消息推送，推送内容为赛事简报。

➢ 任务操作

进入微信公众号后台后，在首页左侧的菜单中找到"内容与互动"中的图文素材，单击"新建消息"，开始编辑，可以利用页面上方的菜单栏添加图片、视频、音频、超链接等内容。微信公众号后台页面如图 4-4 所示。

图 4-4

推送简报以图文为主，参照 DOTA2 刀塔公众号中的 IWO 赛事简报，选择电子竞技赛事或电子竞技相关内容，并将对应信息填入表 4-3。

表 4-3 赛事简报信息

标题名称	正文字数	配图数量	封面图片	摘要字数

4.2.3 巩固思考练习

① 发送视频与音频应注意哪些事项？

② 如何进行多篇文章的推送？

③ 如何进行自动回复？

4.3 任务 2 熟悉电子竞技在线多媒体设计工具

我们可以通过在线多媒体设计工具，如可画、稿定设计、创客贴等进行一些简单的设计。通过这些工具可以快速制作出手机海报、长图、邀请函等内容，涵盖图片、视频、H5 等多种形式，甚至可以进行图片美化、抠图等工作。这些在线多媒体设计工具具有操作简单、易上手的优势，我们可以通过"拖""拉"等操作轻松实现创意。另外，这些在线多媒体设计工具可用于根据不同场景、不同尺寸，创建不同的素材，满足不同的设计需求，最终形成推送内容。

任务要求

① 制作电子竞技海报。

② 制作电子竞技赛事报名小程序。

4.3.1　子任务1：制作电子竞技海报

➤ 任务背景

小虎所在的新媒体公司接到了一项新工作：帮助 ×× 俱乐部制作选手招募的海报。具体信息如表4-4所示。

表4-4　海报信息

项目	DOTA2
排名要求	国服天梯前100名
游戏位置	中单
所在地点	上海
其他要求	18周岁及以上
	自身无合同

➤ 任务操作

① 使用在线多媒体设计工具，选择移动端海报模板或创建移动端空白画布。

② 添加 DOTA2 相关高清图片作为背景。

③ 完善具体信息。

4.3.2　子任务2：制作电子竞技赛事报名小程序

➤ 任务背景

小虎所在的新媒体公司计划举办一场 A 学校内部的线上电子竞技比赛，比赛项目从 DOTA2、CS:GO、《英雄联盟》和《王者荣耀》中任选其一，学生自由组队并由队长填写报名信息。现需要根据表4-5所示信息制作报名小程序。

表 4-5　报名相关信息

报名时间	即日起至 2 月 21 日
比赛时间	3 月 5 日—3 月 6 日
战队信息	战队名称
	队长姓名
队长信息	队长所在班级
	队长身份证号
	队长手机号

以 DOTA2 为例，报名小程序参考样例如图 4-5 所示。

图 4-5

➢ 任务操作

① 使用在线多媒体设计工具，选择移动端 H5 模板或创建移动端空白画布。

② 添加 DOTA2 相关高清图片作为背景。

③ 完善具体信息。

4.3.3　巩固思考练习

① 如何将背景音乐更换为更适合电子竞技的音乐？

② 如何用 H5 制作选手招募小程序？

③ 如何用 H5 制作互动小游戏？

学习单元 5

电子竞技运营职业素养

单元概述

本单元主要面向的工作领域是电子竞技运营，主要介绍电子竞技运营的职业素养相关内容。本单元包括两个学习任务，分别为撰写电子竞技赛事函件类文案和撰写电子竞技赛事办公类文案，通过撰写相关文案加深对电子竞技运营职业素养的理解，掌握必要的从业技能。

知识目标

了解电子竞技运营岗位；

知悉电子竞技运营职业素养；

熟悉电子竞技运营常用文案。

技能目标

掌握电子竞技运营常用沟通技巧；

熟练使用电子竞技运营常用办公软件；

具备撰写电子竞技运营常用文案的能力。

5.1 基础知识

电子竞技运营是一个重要的工作领域，包括电子竞技赛事运营、电子竞技活动组织、公司品牌及产品的推广等，内涵十分丰富。电子竞技运营职业涉及电子竞技活动策划与组织、电子竞技品牌宣传、电子竞技赛事运营、电子竞技媒体运营等方面的工作内容。因此，从事电子竞技运营职业需要充分了解该领域相关基础知识，具备必要的职业素养，掌握必要的技能。

电子竞技赛事运营是电子竞技运营中一项非常有代表性的工作内容，涉及门票销售、选手包装、媒体推广、赞助与广告策划、周边商品开发、电子竞技比赛等工作内容。电子竞技赛事运营工作岗位涉及范围广、业务能力要求高，是一个对综合素质要求较高的专业化工作领域。

5.1.1 电子竞技运营工作中的沟通与反馈

电子竞技运营涉及行业内外不同领域及各类人员，从业人员需要与形形色色的参与者沟通，需要从事各种各样的工作，每天都会进行大量的交流与反馈。因此，具备良好的沟通技巧、知晓如何提出诉求与获得反馈是十分有必要的，这也是电子竞技运营人员的基本素质。

综上，电子竞技运营人员应具备一定的客户需求分析能力，同时还要具有良好的沟通与反馈能力，掌握必要的沟通技巧。

1. 需求分析

所谓的需求就是由需要而产生的要求，经济学上指消费者购买商品或劳务的欲望和能力。

在电子竞技运营领域，需求分析指的是深度理解客户需求，尽量挖掘客户的深层次需要。获取客户需求的方法很多，通常有客户访谈、问卷调查、运营数据分析等，获取客户需求后要深入理解这些需求。随着电子竞技行业的不断发展，行业内的竞争也日趋激烈，对电子竞技企业业务能力的要求也逐渐提升。当前，无论是对于整个行业的需求分析还是对于某个细分领域的需求分析都是必要的，针对不同客户的不同层次的需求分析对于电子竞技企业各项业务的开展具有十分重要的作用。

电子竞技运营人员每天都在进行大量的沟通与反馈，深入理解客户的需求、学会如何进行需求分析，不仅能帮助自己及时、准确地掌握客户需求，也能在一定程度上提升与客户沟通的能力。

➢ 客户访谈

客户访谈的形式很多，可以采取一对一深入访谈，也可以采取座谈会形式的交流。无论采取哪种形式，最终的目的是要获悉客户需求，并在此基础上挖掘客户更深层次的需求。客户访谈应做好访谈记录，以便后续更好地进行需求分析。访谈过程中要注意必要的礼仪，照顾客户的感受，同时还要尽可能地获取客户深层次的需求；向客户提出的问题要由浅入深，具有一定的内在逻辑，同时要在一定程度上将问题展开，拓展话题的广度，以便从不同角度获悉客户的需求。

电子竞技运营人员要充分理解客户访谈的含义，掌握客户访谈的必要技巧，并在日常工作中灵活运用。

➢ 问卷调查

问卷调查是一种常用的客户需求获取方法，也是一种调研方式。我们通过问卷调查可以对一些关键需求进行验证。

一般全流程的问卷调查包括调研方案制订、问卷设计、实际调研、问卷回收、问卷分析等环节。

　　调研方案制订主要是确定调研的时间、地点、主题、问卷投放数量、受访者构成等信息。

　　问卷设计具有一定的难度，是问卷调查流程中一个重要的环节，关系到数据分析的效果。问卷设计的过程中要牢记：问题要通俗易懂，尽量少使用专业术语；以题目为主，由浅入深；选择的题目答案是闭合的、标准化的。为确保问卷调查最终的实际效果，问卷设计完成后，可以先小范围地投放进行前期测试。得到反馈后，进行前期的小样本量数据分析，并基于此对问卷调查方案进行适当的调整。

　　实际调研可以通过互联网、电话、现场发放等方式实施，也可以充分使用各种问卷调查类小程序完成，以得到需求分析所需的问卷。

　　问卷回收后要进行必要的分析，审核问卷的真实性、有效性，分析具体数据，得出相应的结论。

　　问卷分析的能力十分重要。电子竞技运营人员要不断提升自己的数据分析能力，去伪存真，明辨虚实，得到真实、可靠、有预见性的数据分析结果，为后续工作提供指导和依据。

　　➤ 运营数据分析

　　随着大数据分析与应用技术的高速发展，数据作为一种宝贵的经济资源，逐渐成为推动经济发展的重要引擎。为获取客户的需求、对客户的需求进行深层次挖掘，很多时候需要对用户数据进行分析，得出结论。所以，电子竞技运营人员要掌握一定的数据分析知识，尽可能提升分析数据能力，以便深度分析和挖掘客户需求。

　　运营数据分析通常要先收集运营数据，同时还要及时收集市场、客服等不同部门反馈的数据，然后根据需求对相应的数据进行必要的分析。需要注意的是，对市场、客服等部门相关数据的收集与分析是运营数据分析重要的组成部分。市场、客服人员是与客户直接接触的，能够快速地获取客户的反馈和建议。

课堂互动环节一

参考以下电子竞技比赛调查问卷，设计一份针对校园电子竞技赛事的调查问卷，完成一定数量问卷的投放及回收，并进行数据分析。

电子竞技比赛调查问卷（问卷来源于某电子竞技社团）

（1）你将会以哪种形式报名参赛？

A．个人　　　　　　　　　　B．组队

（2）你想要参加哪一项电子竞技比赛？

A．《英雄联盟》　　　　　　B．DOTA2

C．CS:GO　　　　　　　　　D．《穿越火线》

（3）你偏好的观赛方式是哪种？

A．线上看直播　　　　　　　B．现场观赛

（4）除比赛外，你还对哪些方面比较感兴趣？

A．相关赛事直播

B．电子竞技资讯与娱乐新闻

C．相关电子竞技活动、工作

（5）除参赛选手外，你还考虑以什么身份参加比赛？（可多选）

A．解说员　　　　　　B．OB　　　　　　C．裁判

D．主持人　　　　　　E．采访员　　　　　F．其他

2. 沟通与反馈

对电子竞技行业来说，沟通与反馈是一种重要的职业能力，是电子竞技运营人员所必须具备的能力。有效的沟通与反馈可以提高工作效率，是进行电子竞技运营工作的基础。电子竞技运营人员应对沟通与反馈能力的训练有足够的重视，在与他人沟通的过程中掌握沟通技巧，提升沟通效率，从而让沟通与反馈的过程更加高效、轻松，提升工作效率。

➤ 沟通漏斗原理

自然界的信息在传递的过程中有效信息量会逐渐减少，日常工作生活中信息的传递也如此，甚至发生错误。图 5-1 所示为被广泛认同的沟通漏斗。沟通漏斗呈现的是一种信息由上至下逐渐减少的趋势，图形外观与生活中常用的漏斗形状相近，因此这个原理被称为沟通漏斗原理。沟通漏斗原理指的是人们在沟通过程中有用的信息逐渐减少，最终得到的反馈仅仅为原有信息的很小一部分。

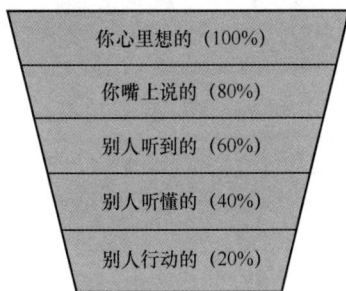

你心里想的（100%）

你嘴上说的（80%）

别人听到的（60%）

别人听懂的（40%）

别人行动的（20%）

图 5-1

这里举一个简单的例子对漏斗原理进行说明。一个人想就某一件事与他人沟通，如果他心中所想的内容是 100%，那当他用语言表达出来时，这些内容就已经减少了20%，只剩下 80% 了。而当这 80% 的内容进入听众的耳朵时，由于受文化水平、知识背景等因素影响，听众只获取了原始内容 60% 的信息。实际上，真正被听众理解、消化的内容大概只有原始内容的 40%。等到这些听众按照自己理解的这 40% 展开具体行动时，行为能与原始内容对应的仅剩 20% 了。事实上，沟通漏斗原理反映的是一种工作中团队沟通效率不高的现象。因此掌握沟通与反馈技巧十分有必要，这可以大幅提高沟通质量和效率，进而有效地提高工作效率。

　➤ 沟通金三角

　当然，关于沟通除了沟通漏斗原理反映的负面模式，也有一些良性模式。图 5-2 所示的沟通金三角就是一种良性的沟通模式。沟通金三角反映的是一种换位思考的沟通模式。假设在三角形下方的"自己"和"对方"只是在各说各话，那么双方的沟通是很难取得成效的。三角形顶端的"设身处地"是沟通的关键所在。也就是说，沟通双方只有采用换位思考的方式，设身处地地为对方考虑，才能真正明白对方的意思，真正实现有效的沟通与反馈。由沟通金三角可知，沟通与反馈成功的关键在于学会换位思考。

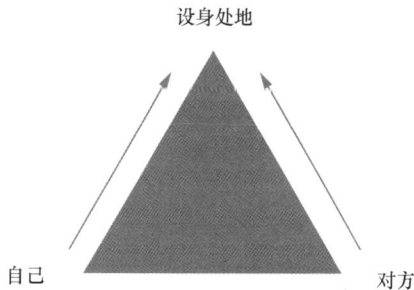

设身处地

自己　　　　　　　对方

图 5-2

　➤ 反馈

　反馈也是实现良性互动的重要一环。一般将良性的反馈分为两类，分别为正面指导反馈和建设性反馈，如图 5-3 所示。正面指导反馈即积极的反馈，是一种正面的强化指导，也就是一般意义上的表扬。成功的正面指导反馈具有肯定行为价值、描述特定行为、真诚、及时等特性。建设性反馈是一种劝告指导，即一般意义上的批评。批评要注意方式，既要达到反馈的目的，又不能伤害他人的自尊。

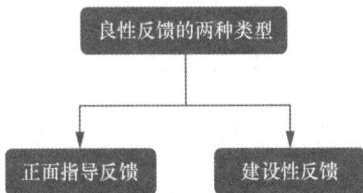

图 5-3

> 常用沟通技巧

在职场沟通中，要尽量降低沟通漏斗带来的影响，遵循沟通金三角模式，提高沟通效率。职场沟通是一种工作能力，需要注意沟通技巧，从而达到良好的沟通效果。电子竞技运营人员要注意不断提升自己的沟通能力，在职场沟通中掌握以下要点。

① 注意使用礼貌用语。职场沟通不同于私下交流，私下交流可以自由自在、随心所欲，而职场沟通一般带有一定的目的性，需要注意职场礼仪。职场沟通有时是为了交换信息，有时是为了更好地解决问题，所以在进行沟通时特别需要注意技巧和效率。任何时候都需要给对方必要的尊重，沟通的过程要特别注意使用礼貌用语。

② 语言有逻辑。在职场沟通的过程中必须要牢记自己沟通的目的，围绕主题展开谈话，切忌东拉西扯、缺乏逻辑。在语言的组织上要注意逻辑性，尽量使自己的表达条理清晰，这样对方就能够更好地理解你的观点，也能让你的语言更有说服力。在书面文件的撰写中更要注意语言的逻辑性，尽可能避免逻辑错误，让表述的内容更加有条理，能更加清晰地说明问题、观点等。语言尽量精简，以准确、清晰、简洁地表达自己的观点。

③ 耐心倾听。在日常的沟通中，耐心倾听是一项重要的技巧。在职场沟通的过程中，耐心倾听同样能够起到十分重要的作用。只有耐心倾听，才能让对方感受到你的尊重，才能更快、更准确地捕捉到对方表达的重点。当沟通双方能够相互尊重、耐心倾听时，沟通将会变得简单、轻松，沟通的效率也会大大提升，沟通氛围也会更加

融洽。

④ 换位思考。换位思考是一项重要的沟通技巧，是实现沟通金三角模式的关键，也是提高沟通质量和效率的重要基础。

换位思考不仅是一种沟通技巧，同时也是一种"共情"的表现，是沟通能力的体现。电子竞技运营人员只有具备了这种能力，才能轻松地与他人沟通，更好地理解到他人的想法。所以，在职场沟通中，应时刻注意换位思考，多角度考虑问题，提升自己的沟通能力。

⑤ 友好待人。电子竞技运营人员要秉持友好待人的态度，时刻注意自己的言行，提升沟通效率，让沟通与反馈变得愉快。以一种友好的、人性化的方式与他人沟通，能营造开放且真诚的沟通氛围。无论是面对面的沟通还是书面沟通，友好待人都很重要。比如，工作中我们在一些邮件后附上"节日快乐"之类的话语，不仅能够使人感受到真诚，而且能够营造良好的沟通环境。

⑥ 保持自信。自信是做好工作的基础，也是与他人交流应具备的心态。电子竞技运营人员在工作中与他人进行沟通时，保持自信是至关重要的。自信能够使同事、客户信服并跟随自己的思路，更好地认同自己的观点。保持足够的自信能够使表达清晰、有条理，能够给对方带来更多正能量。电子竞技运营人员要始终保持自信，确保自己可以直面困难、正视问题、迎难而上，确保自己总是保持进取心，相信自己可以把工作做得更好。

5.1.2　电子竞技运营工作中的常用办公软件及功能

计算机作为常用的一种办公设备，几乎已经走进了每一个人的工作。计算机之所以可以广泛地应用于工作中，主要是因为各类计算机办公软件的普遍应用。计算机可视为具备操作系统的软、硬件平台，只有能在这个平台上运行各种办公软件，人们才能使用计算机轻松地办公。熟练使用办公软件是当今职场人士应具备的基本技能，电子竞技运营人员也应熟练使用与工作相关的办公软件。

1. 办公软件简介

办公软件可以理解成可用于日常办公的计算机软件，能用来进行文字处理、表格制作、幻灯片制作和图像处理等工作。办公软件的应用非常广泛，在人们的日常办公中发挥了极为重要的作用。与其他软件一样，办公软件的更新迭代十分迅速，正朝着简单实用、操作方便、功能细化的方向快速发展。

目前主流的办公软件有微软 Office 系列、金山 WPS 系列、永中 Office 系列等，功能主要涉及文字处理、表格处理、数据库管理、图像处理、演示文稿制作等方面。

微软 Office 系列不仅是市场上应用较广泛、较受人们欢迎的办公软件，同时也是目前使用率较高的办公软件。微软 Office 系列办公软件包括 Word、PPT、Excel 及 Access 等软件，功能全面，基本上可以满足常见的办公需求。

金山 WPS 系列作为国产办公软件，在人们的工作与学习中起了重要的作用。新版本的 WPS 不但改进了文字编辑功能，而且还支持"所见即所得"的文字处理方式，提升了国产办公软件产品的市场竞争力。WPS 是由我国公司自主开发的办公软件，在文字输入习惯、制表、数学公式编辑、文字排版、打印输出等方面都更能适应中文处理的要求，更符合我国广大用户的使用习惯。

电子竞技运营是高度专业化的工作岗位，对从业者的综合能力要求很高，除了要求掌握常用的办公软件外，还要求必须熟练使用一些与电子竞技运营岗位工作高度相关的软件，如图像处理软件、游戏建模软件、视频处理软件、增强现实软件、虚拟现实软件等。

2. 常用办公软件

下面以微软 Office 为例，介绍常用的办公软件及功能。微软 Office 是一套微软公司开发的办公软件，现在常见的版本包括 Office 2010、Office 2013、Office 2016、Office 365 等。微软 Office 一般包括 Word、Excel、Outlook、Access、PowerPoint（PPT）等常用软件，表 5-1 所示为微软 Office 常用软件及功能。

表 5-1　微软 Office 常用软件及功能

软件名称	功能
Word	文字处理
Excel	电子表格处理
Outlook	桌面信息管理
Access	数据库管理
PowerPoint	演示文稿制作

➢ Word

Word 是一款文字处理软件，被认为是 Office 的主要程序，在文字处理软件市场上占据重要地位。Word 使用的文档（Document，DOC）格式已经成为一个行业的标准，而且新版本的 Word 也支持可扩展标记语言（Extensible Markup Language，XML）格式，功能得到进一步强化。

➢ Excel

Excel 是一款处理电子表格的软件，主要进行数字统计和运算，是 Office 最早的组件之一。Excel 内置了多种函数，可以对大量数据进行计算、分类、排序、绘制图表等操作。Excel 如同 Word 一样，在市场上占据重要地位，用户数量十分庞大。

➢ Outlook

Outlook 是一款个人信息和电子邮件管理的软件。需要说明的是，Outlook 与 Windows 系统自带的 Outlook Express 是不同的：Outlook 包括电子邮件客户端、日历、任务管理、地址本等模块，功能比 Outlook Express 丰富很多。

➢ Access

Access 是将数据库引擎的图形用户界面和软件开发工具结合在一起的一款数据库管理软件，主要用来进行数据存储、数据分析和软件开发等。

➢ PowerPoint

PowerPoint 是微软公司专门设计的一款用于制作演示文稿的软件。用户制作的演示文稿不仅可以在投影仪或者计算机上进行演示，也可以打印出来展示。演示文稿中的一页叫作幻灯片，每页幻灯片中的内容都是演示文稿中既相互独立又相互联系的内容。一定数量的幻灯片形成了可以展示特定内容的演示文稿。

3. 电子竞技运营办公软件

作为电子竞技运营人员，除了常用的办公软件外，还应掌握一些与电子竞技行业密切相关的办公软件。电子竞技运营人员的日常工作中可能会涉及图像处理、游戏建模、视频处理、增强现实、虚拟现实等方面的软件，表 5-2 所示为电子竞技运营办公软件类别及其常用软件。

表 5-2　电子竞技运营办公软件类别及其常用软件

软件类别	常用软件
图像处理软件	Photoshop
游戏建模软件	3ds Max、CINEMA 4D
视频处理软件	After Effects、Adobe Premiere Pro
增强现实软件	Unity、EasyAR
虚拟现实软件	Google VR、HTC VIVE

➢ 图像处理软件

电子竞技运营人员的日常工作中会涉及大量的图像处理工作，如海报制作、宣传图片处理等。Photoshop 是一款常用的图像处理软件，主要处理以像素构成的数字图像。使用 Photoshop 能高效地进行图片编辑工作，这是电子竞技运营人员应掌握的基本操作。

> 游戏建模软件

电子竞技运营人员的日常工作中会涉及一些游戏建模及模型优化的任务，因此掌握常用的游戏建模软件十分必要。行业内常用的软件有 3D Studio Max（简称"3ds Max"）、CINEMA 4D（简称"C4d"）等，这些建模软件专业化程度高，使用前一般需要专门学习或参加专业的培训。

3ds Max 是一款由 Discreet 公司开发的强大的集三维建模、渲染，三维动画制作于一体的三维制作软件。3ds Max 的建模流程十分简洁、高效，只要学习者操作思路清晰，就能够迅速上手。其后续的高级操作也十分简便，有利于初学者学习和使用。

C4d 是一款由德国 MAXON 公司开发的，集动画、建模、模拟和渲染于一体的 3D 设计软件。C4d 开发于 1989 年，经过 30 多年的发展，功能越来越强大、完善。C4d 易学、易用、高效，并且具有电影级视觉表达能力，已成为视觉设计师的重要工具。

> 视频处理软件

电子竞技运营人员日常工作中会涉及视频处理，掌握必要的视频处理软件操作技能是职业要求。常用的视频处理软件有 After Effects、Adobe Premiere Pro 等。

After Effects 是 Adobe 公司推出的一款图形 / 视频处理软件，用于 2D 和 3D 图形合成、动画制作和视觉特效制作等，是基于非线性编辑的软件。After Effects 适用于从事设计和视频特效制作的机构，包括电视台、动画制作公司、后期制作工作室以及多媒体工作室。网页设计师和图形设计师中，也有越来越多的人使用 After

Effects。

Adobe Premiere Pro 是目前比较流行的、基于非线性编辑的视频剪辑软件，是功能强大的数码视频编辑工具。作为多媒体视频、音频编辑软件，Adobe Premiere Pro 应用范围广，制作效果好，可以协助电子竞技运营人员高效出色地完成工作。

➤ 增强现实软件

增强现实技术是一种将虚拟信息与真实世界巧妙融合的技术，广泛运用多媒体、三维建模、实时跟踪及注册、智能交互、传感等多种技术手段，将计算机生成的文字、图像、三维模型、音乐、视频等虚拟信息模拟仿真后，应用到真实世界中，两种信息互为补充，从而实现对真实世界的"增强"。常用的增强现实软件有 Unity、EasyAR 等。

➤ 虚拟现实软件

虚拟现实技术是由美国 VPL 公司创始人杰伦·拉尼尔（Jaron Lanier）在 20 世纪 80 年代初提出的，是一种综合利用计算机图形系统和各种显示及控制等接口设备，在计算机上生成的、可交互的三维环境中提供沉浸感觉的技术。常用的虚拟现实软件有 Google VR、HTC VIVE 等。随着科学技术的不断发展，电子竞技运营人员需要掌握必要的虚拟现实软件。

5.1.3　电子竞技运营类文案

电子竞技运营是对综合能力要求较高的岗位，电子竞技运营人员在日常工作中需要撰写各类文案。常见的电子竞技运营类文案包括电子竞技赛事函件类文案、电子竞技赛事办公类文案等。电子竞技赛事函件类文案有电子竞技赛事授权申请、电子竞技赛事邀请函、电子竞技赛事手册等；电子竞技赛事办公类文案有赛事会议纪要、赛事排期表等。电子竞技运营人员需要熟练掌握此类文案的撰写。

1. 电子竞技赛事函件类文案

电子竞技赛事在电子竞技行业里具有举足轻重的作用，选手可以通过参加比赛展示自己的竞技水平、风采，观众可以通过观看比赛获得精神上的享受，赛事主办方、游戏开发商可以通过举办赛事提升自身的影响力，促进整个电子竞技行业的正向发展。一场高水平电子竞技赛事的成功举办离不开赛事宣传，赛事宣传能够让更多观众、选手、赞助商、媒体等了解比赛。在宣传赛事时，赛事主办方需要撰写赛事函件类文案，如电子竞技赛事授权申请、电子竞技赛事邀请函、电子竞技赛事手册等，完成撰写后还需要及时发布。这些赛事函件类文案在整个赛事的举办过程中发挥着重要的作用。

➤ 电子竞技赛事授权申请

电子竞技赛事与传统体育赛事最大的区别就是前者主要以游戏为载体，游戏属于创造性的智力成果，其中多数游戏是有版权归属的，版权是受到法律保护的。因此，举办一些大型的电子竞技赛事需要得到游戏版权方官方的授权，举办方需要撰写电子竞技赛事授权申请，并得到官方的书面授权。

课堂互动环节二

下文是关于"一带一路"国际电子竞技大赛暨新华电子竞技大赛全球总决赛的介绍及授权申请。请仔细阅读并分组讨论并概述文件要点。

《堡垒之夜》项目授权

新华电子竞技大赛是由新华社新媒体中心主办、新华互动（北京）文化发展有限公司承办的综合性电子竞技大赛，意在利用新媒体倡导建设阳光的电子游戏环境，引导青少年健康地开展电子游戏等娱乐项目，助力我国电子竞技产业健康发展。

2017 年 7 月，第一届新华电子竞技大赛在北京成功举办，2018 年 4 月，新华电子竞技大赛京津冀站在廊坊成功举办，包括世界冠军 iG 战队、LGD 战队、New Bee

战队以及 TYLOO 战队在内共计超过 30 支世界顶级职业战队参加职业邀请赛，120 支本地大学生战队参加业余城市冠军赛。新华电子竞技大赛在全网直播并拥有顶级推荐位，赛事期间线上收看超过 2 800 万人次，其中同时在线收看人数突破 300 万。

在往届成功赛事的基础上，第三届新华电子竞技大赛将落户山东省胶州市，并将原有赛事新华电子竞技大赛（XEC）成功升级为 BREC"一带一路"国际电子竞技大赛，让赛事 IP 出海。大赛将邀请"丝绸之路经济带"上的欧洲、中亚和东南亚国家的职业战队参赛。本赛事将会成为自国家提出"一带一路"倡议以来，国内参赛国家数量最多、规模最大、影响力最强、最具创新性的电子竞技赛事之一。

本届比赛中我们希望贵司能够一如既往地为行业发展做出贡献，对赛事中的游戏项目《堡垒之夜》的授权工作提供大力支持。

本次需授权项目如下：①游戏项目；②游戏直播、转播权限。

为确保大赛的准备工作有序进行，烦请贵司先为本届大赛提供有关游戏项目之授权。我们将安排赛事组委会对接贵司，有关团队会沟通具体项目的合作与支持需求，以确保比赛顺利、合规地进行。

新华电子竞技大赛的发展与突破离不开广大合作伙伴的共同努力和鼎力相助，更希望能够得到贵司一如既往的信任和支持！

➢ 电子竞技赛事邀请函

电子竞技赛事邀请函与体育赛事邀请函类似，是为促进赛事顺利进行而撰写、发出的正式文件，一般包含比赛时间与地点、比赛方式、报名办法、参赛资格、裁判、比赛管理、比赛规则、行程安排、排名与奖励等内容，是主办方向参赛人员发出的正式邀请。其主要用于诚挚地邀请有关人员参赛，并向受邀人员简单介绍赛事的各主要事项。

赛事邀请函要将赛事的一些关键信息表达清楚，所有信息都应该准确、无误，不能出现任何虚假信息。此外，赛事邀请函还要将受邀者关注的重要信息简练地表达清楚，方便受邀者第一时间获悉比赛的重要信息。同时，赛事邀请函要尽量体现出主办方的真诚，体现出主办方良好的精神风貌，给受邀者一种亲切感，尽量让他们对比赛充满兴趣。撰写电子竞技赛事邀请函时，要适当地使用敬语，体现出主办方的礼貌、友好。

课堂互动环节三

阅读以下邀请函，分组讨论并概述文件要点。

新华电子竞技大赛邀请函

至：印度尼西亚驻中国大使馆

主题：关于 H 先生的赛事邀请

尊敬的印度尼西亚驻中国大使馆：

您好！

我们诚挚地邀请 H 先生于 2018 年 12 月 15 日亲临山东省青岛市参加由新华社新媒体中心主办的为期 7 天的新华电子竞技大赛，赛事具体信息见邀请函附录。在此我们恳请您对 H 先生来华参赛予以准许，并对签证申请给予协助。

在此次比赛期间，新华互动（北京）文化发展有限公司将会承担 H 先生的酒店住宿与餐饮、往返机票等所有费用。

邀请单位信息如下。

公司名称：新华互动（北京）文化发展有限公司

公司地址：北京市东城区朝阳门北大街 × 号，×× 大厦 ×9 层 ××

联系电话：＿＿＿＿＿＿＿

电子邮箱：_____

被邀请人资料如下。

名字：H

性别：男

国籍：印度尼西亚

护照号码：_____

出生日期：_____

电话：_____

电子邮箱：_____

在此，我们期待您的回复并致以最诚挚的感谢。

➤ 电子竞技赛事手册

电子竞技赛事与传统的体育赛事类似，都属于竞技类赛事。大型的竞技类赛事都需要制作赛事手册，对赛事的整体情况、比赛规则、违规处罚、注意事项等内容进行说明和宣传。电子竞技赛事手册是指导电子竞技比赛顺利进行的重要文案。

课堂互动环节四

阅读以下赛事手册，分组讨论并概述文件的要点。

2020 完美世界 CS：GO 职业联赛亚洲区夏季赛

赛事手册

反恐精英：全球攻势

目录

比赛说明

　　2020完美世界CS：GO职业联赛——亚洲区夏季赛 （Perfect World Asia League Summer 2020，简称PAL）。

　　PAL隶属Valve官方全球职业赛事体系，由完美世界电竞主办，是面向亚洲区所有职业战队的CS：GO 职业联赛。此次赛事总奖金为10万美元，参与战队可获得相应的RMR（Regional Major Rankings）积分。

直邀战队

日程安排

2020 年 6 月 10 日—6 月 16 日	赛事报名
2020 年 6 月 18 日—6 月 21 日	海选赛阶段
2020 年 6 月 24 日—7 月 12 日	常规赛阶段
2020 年 7 月 17 日—7 月 19 日	淘汰赛阶段

赛制

常规赛阶段

- 2020 年 6 月 24 日—7 月 12 日，线上进行。
- 海选赛晋级的 2 支战队与直邀的 8 支战队进行小组单循环比赛。
- 比赛均为 BO3 赛制。
- 积分规则：胜者积 3 分，败者积 0 分。
- 排名前 8 的战队进入淘汰赛阶段，排名最后的 2 支战队淘汰。
- 积分相同时的加赛规则：①涉及晋级/淘汰名额，直接进行 BO1 加赛；②其余同分情况优先比较同分队伍之间的胜负关系，次之比较同分队伍之间的净胜地图数，次之比较同分队伍之间的净胜小分，次之比较整个小组中净胜图数，次之比较小组中净胜小分。
- 详细赛程请点击官方网址：█████████████████████████。
- 其他比赛规则详见附录。

淘汰赛阶段

- 2020 年 7 月 17 日—7 月 19 日，线上进行。
- 采用 BO3 赛制。
- 对阵将根据常规赛阶段排名来定（详见下图，含季军赛）。

第3名

第6名

第2名

第7名

第1名

第8名

第4名

第5名

冠军

奖金和RMR 积分分配

总奖金：100 000 美元

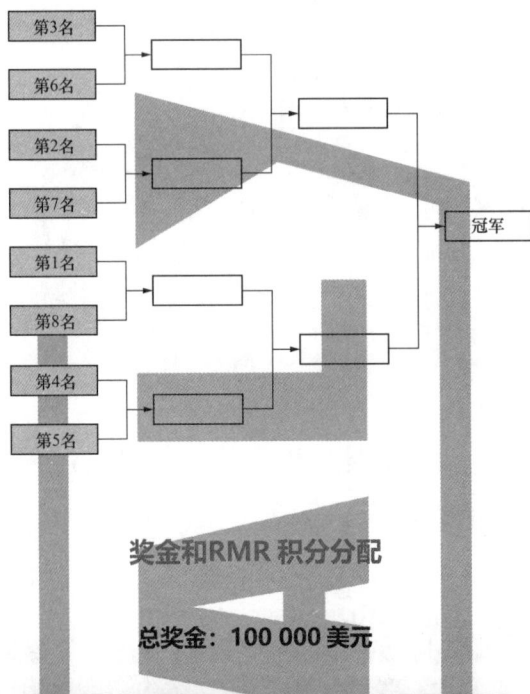

排名	奖金（美元）	RMR
1	25 000	2 000
2	20 000	1 875
3	15 000	1 750
4	12 000	1 625
5	6 000	1 312.5
6	6 000	1 312.5
7	6 000	1 312.5
8	6 000	1 312.5
9	2 000	0
10	2 000	0

联系办法

赛事紧急联系人

Ace 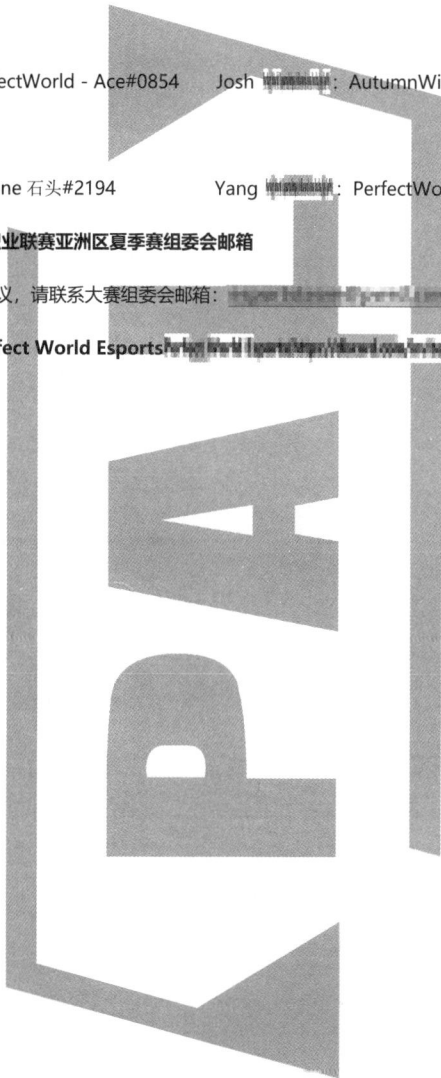：PerfectWorld - Ace#0854　　Josh：AutumnWindz#2721

战队联系人

Stone：Stone 石头#2194　　　　Yang：PerfectWorld | Yang#2566

2020 完美世界 CS:GO 职业联赛亚洲区夏季赛组委会邮箱

您对我们有任何意见或建议，请联系大赛组委会邮箱：

赛事群组：Perfect World Esports

比赛规则

地图池和地图禁用规则

地图池

- Dust2
- Inferno
- Mirage
- Nuke
- Overpass
- Train
- Vertigo

三盘两胜制比赛的地图选择

当两支战队进行比赛时，将由队长在客户端 Roll 点，点数大的战队拥有**权力**指定优先开始地图禁用的战队。

地图禁用实例：假设 A 战队决定先开始地图禁用。

A 战队禁用 1 张地图

B 战队禁用 1 张地图

A 战队选择第一盘比赛地图，B 战队选择起始阵营（CT 或 T）

B 战队选择第二盘比赛地图，A 战队选择起始阵营（CT 或 T）

A 战队禁用 1 张地图

B 战队禁用 1 张地图

最后 1 张地图为第三盘比赛地图。双方拼刀选择起始阵营（CT 或 T）

即：B B P P B B A

比赛服务器参数设置

- mp_warmuptime 1800
- mp_startmoney 800
- mp_roundtime 1.92 (1:55 min)
- mp_roundtime_defuse 1.92 (1:55 min)
- mp_freezetime 20
- mp_buytime 20
- mp_forcecamera 1
- mp_maxrounds 30
- mp_c4timer 40
- mp_roundtime_defuse 1.92
- sv_coaching_enabled 1
- sv_minupdaterate 128
- sv_mincmdrate 128
- mp_halftime_duration 60
- mp_round_restart_delay 5
- sv_damage_print_enable 0
- ammo_grenade_limit_default 1
- ammo_grenade_limit_flashbang 2
- ammo_grenade_limit_total 4
- mp_weapons_allow_zeus 1
- mp_overtime_maxrounds 6
- mp_overtime_startmoney 10000

聊天窗口可用命令

队员可用命令

- **.ready** —— 战队可以开始比赛的信号；
- **.unready** —— 如果在开始比赛前有任何问题，此命令可以用来暂缓开始比赛；
- **.pause** ——显示两个暂停选项，队伍可以选择**战术暂停**或**技术暂停**；
- **.unpause** —— 结束当局比赛的暂停（两支战队均需要使用此命令）。

一般行为准则及参赛资格

- 各战队队员、教练及经理必须给予比赛裁判、赞助商、合作伙伴、媒体人员以及其他战队人员最大限度的尊重。各战队队员、教练及经理在任何情况下禁止辱骂任何上述人员。
- 辱骂包括但不限于粗俗的语言、使用任何侮辱性的词语或手势，以及与赛事官方人员过度的争论。
- 战队教练及经理不允许嘲讽任何所对阵战队的队员、教练及经理。嘲讽包括但不限于针对对手使用任何能被听到或被看见的贬低性的语言或手势。
- 各战队队员严禁故意放弃比赛或密谋操控比赛结果来影响之后的对阵队伍。
- 请严格遵守中国法律法规，严禁中国法律法规禁止的词汇、网站、产品、公司等出现在战队队名、队标和队员昵称、对话中，包括但不限于博彩、竞猜、涉黄涉暴等词语。
- 在赛事期间，不发表和进行任何违反中国法律法规的言论及行为，不发表和进行任何损害第三方合法权益的言论及行为，否则可能将承担相应法律责任。
- 若从事或参与任何主办方认定的，涉嫌公众争端、冒犯大众或某些大众媒体，或者其他破坏主办方形象的行为，将取消其参赛资格。
- 请所有参赛人员注意自己的言行，请勿涉及任何种族歧视、政治立场等话题，我们保留处罚权利。
- 各战队队员严禁使用游戏内语音或聊天推广任何公司、赞助商、产品或服务。在进行游戏的过程中只允许游戏相关的聊天信息。
- 战队参赛成员必须按照注册提交的名单进行比赛，如赛事期间更换选手/替补，将按照 Valve 的规则进行相应的惩罚。
- 选手名称和战队名称不得含有低俗、淫秽色情、恐怖、暴力、赌博等内容。各战队队员必须使用其在比赛开始前上交赛事组委会的官方昵称，赛事组委会保留对 ID 的审核权。官方昵称的形式可以为单独的昵称或在昵称前加注战队名称（以 TeamTag.Nickname 的形式），如 Perfectguy 或 PW.Perfectguy。
- 主办方根据转播需要，可能对战队队名、队标和队员昵称进行小幅调整。
- 参赛队伍必须认可 PVP 对战客户端的反作弊封禁效力。
- 完美世界将不会允许任何在 CS:GO 游戏中被 VAC 封禁的选手晋级或参加比赛。任何选手的任意账户如在 CS:GO 游戏中被 VAC 封禁，此选手将立刻被取消参加本次赛事的资格。在赛事期间，使用或使用过被封禁的选手参赛的战队将被封禁（"战队封禁"）。我们保留取消任何队员、战队、广播公司、解说或制片人参与比赛资格的权力。自收到 Valve 的此类通知后，完美世界将立即取消上述人员或组织的资格。任何对所封禁队员及战队的赛事奖励将被没收。任何被封禁战队的队员不得随其他任何战队参与本次赛事。

战队的守时原则

- 参赛战队必须在比赛开始前 1 小时在 TeamSpeak 服务器准备就绪，并登录对战客户端以及准备好游戏客户端；
- 在既定比赛时间开始前 15 分钟 完成地图 BP；
- 若某支战队在比赛既定的开始时间起 15 分钟内未在 TeamSpeak 服务器准备就绪，则首张地图判负；
- 若某支战队在比赛既定的开始时间起 30 分钟内未在 TeamSpeak 服务器准备就绪，则整场 BO3 比赛

判负;

- 若某支战队在比赛既定的开始时间前或者比赛中,遇到不可抗力因素(需提交给组委会证据)导致无法继续比赛,经组委会裁决通过后,将给予此战队 2 小时时间解决问题,若超时后仍无法比赛,将判负。

选手的游戏设备及驱动

- 各战队选手使用自己的设备进行比赛;
- 各站队选手需要自行对自己的设备负责,确保可以完成一系列比赛;
- 如果选手计算机上有干扰比赛进行的程序或者设备,后果自负,赛事主办方保留进一步调查或者处罚的权力;
- 在比赛进行过程中,各战队选手及教练必须关闭其手机及其他移动设备,并保持手机及其他移动设备在其视线之外;
- 请开赛前注意进行相应的调整以及测试,保证比赛期间设备和游戏正常运行。

语音服务器

- 各战队在游戏内交流将会通过"TeamSpeak"软件进行;
- 在加入语音服务器后,各战队队员必须使用其官方昵称;
- 赛事组委会将会提供各战队加入其语音服务器的密码。

游戏版本

所有的比赛将默认在装有最新版本的《反恐精英:全球攻势》的服务器上进行,除非有不可预见的情况造成游戏版本需要回滚。

开始比赛

- 各战队队员必须使用完美对战 PVP 客户端进行比赛;
- 在比赛期间,各战队队员严禁在计算机后台开启 CS:GO 客户端、对战客户端及赛事方指定程序以外的任何程序、浏览器或直播。

比赛内的规则和指南

地图利用与键位绑定

- 严禁使用单按键的跳扔键位绑定,只允许将跳跃与投掷绑定为两个按键来实现跳扔的键位绑定;
- 允许在队友的协助下到达游戏内单个玩家无法到达的高度或位置,但严禁利用此高度或位置所造成的,游戏内质地、纹理、墙壁、地面或天花板的改变(变得透明或可以穿射,即 clipping ——使用超出地图范围的视野和空间);

- 严禁像素点漫步（Pixel Walking）——即利用地图边缘像素点到达超过地图达到范围的行为。游戏玩家操纵其游戏内角色出现或站立在不可见的地图边缘将被视为"像素点漫步"；
- 严禁将雷包安装在无法被拆掉的区域内，严禁将雷包安装在任何与游戏内固态对象无接触的区域内，严禁将雷包安装在无法发出正常"哔哔"警示音的区域内；
- 严禁利用任何游戏内对象遮盖或掩护已埋下的雷包以使其完全不可能被拆除；
- 严禁穿过游戏内固态对象拆除雷包。

战术暂停

- **每盘比赛（即每张地图）**，每支战队最多可以叫 **4 次战术暂停**；
- **每局比赛**，每支战队最多只能叫 **1 次战术暂停**；
- 战队必须在比赛服务器的聊天功能中说明此暂停为战术暂停；
- 每次战术暂停的时间为 **30 秒**；
- 各战队队员在战术暂停期间严禁离开其座椅或摘下其降噪耳机。

技术暂停

- 在需要技术暂停的时候，战队队员必须使用.pause 命令激活技术暂停；
- 赛事组委会将远程协助战队或队员解决技术问题。

VAC 被屏蔽/计算机崩溃/其他技术问题

- 如果一名参赛队员在每局比赛开始的 60 秒内遇到计算机崩溃或其他技术问题，且该局中任意参赛队员没有受到任何伤害，该局将会重新开始；
- 如果一名参赛队员在每局比赛开始的 60 秒或 60 秒之后遇到计算机崩溃或其他技术问题，或该局中任意参赛队员已受到伤害，该局比赛将会继续进行到下一局的冷冻时间（无论比赛服务器内的情况如何）。

服务器崩溃

- 遇上极端的服务器崩溃的情况，比赛将从已完成的、最后被记录的那局比赛开始；
- 被回滚的该局比赛将总是从冷却时间开始，无论在服务器崩溃时有多少击杀已经发生。

地图间休息（盘间休息）

- 一场系列赛两盘之间的正常休息时间是 5 分钟；
- 两场系列赛之间的正常休息时间是 15 分钟；
- 如果休息时间因不可预见的情况延长或缩短，赛事组委会将及时通知比赛战队。

不遵守规则所产生的后果

- 迟到战队的热身时间将会被压缩或被直接取消。比赛将不会因为迟到战队无足够时间热身而推迟；
- 赛事工作人员或战队队员的违规行为将有可能造成参加本次赛事的资格被取消，撤回所有比赛所得，1 年内无法参加任何完美世界组织或管理的比赛；
- 任何被发现作弊或代打的战队将被立即取消参加本次赛事的资格，其赛事奖励将被立即收回；
- 对于战队的第一次违规，如无特别说明，该战队将收到一次警告，主办方保留在任何情况下视情况而进一步处罚的权力，包括直接踢出比赛；
- 违反比赛规则所产生的惩罚包括但不限于：失去地图封禁的选择权、被迫放弃该盘或该场比赛、取消参加本次赛事的资格和任何比赛所得。赛事组委会对此有自由裁量权。

特别说明

- 对于本规则尚未包含的特别或一连串事件的处理，完美世界及本届赛事组委会对此有最终决定权；
- 所有裁决都将依照本规则的核心宗旨来做出。完美世界及本届赛事组委会将会在本规则手册和具体事件所允许的最大范围内，以对当事方公平公正的态度和原则，尽全力解决具体事件；
- 为了保持本次赛事的公平公正，上述规则可以被修正、更改或补充。各参赛战队将在规则发生改变时被立即告知；
- 完美世界保留对所有赛事信息和规则的最终解释权。

2. 电子竞技赛事办公类文案

电子竞技运营工作内容十分丰富，包括电子竞技赛事运营、电子竞技活动组织、公司品牌及产品的推广等。其日常工作涉及行业内的方方面面，需要与不同的人沟通，当然不可避免地要参与或组织各种会议，尤其是商务会议。因此，撰写会议纪要是电子竞技运营人员所必须具备的技能。

对于电子竞技运营人员来说，日常工作除撰写会议纪要外，有时还需要在举办比赛前制作赛事排期表，以确保比赛顺利、有序地进行。

电子竞技赛事办公类文案的撰写能力是电子竞技运营人员应具备的，并应当在长期的实践中不断提高。

> 电子竞技赛事会议纪要

会议纪要是记载和传达会议情况和议定事项时使用的一种公文，是下行文。会议纪要与会议记录不同，会议记录只是一种客观的纪实材料，记录每个人的发言，而会议纪要则集中、综合地反映会议的主要议定事项，起具体指导和规范的作用。

会议纪要是在会议记录基础上经过加工、整理出来的记叙性和介绍性的文件，包括会议的基本情况、主要精神及中心内容，便于向上级汇报或向有关人员传达及分发。整理加工时或按会议程序记叙，或按从会议内容中概括出来的几个问题逐一记叙。会议纪要要求会议程序清楚、目的明确、中心突出、概括准确、层次分明、语言简练。

在电子竞技赛事运营领域，重要的商务会议要形成会议纪要，对相关事项、进展、有待解决的重要问题等进行记录。会议纪要应得到所有与会人员的认可，不能有所遗漏，应实事求是，不能偏颇。完成会议纪要后要进行必要的分发，将会议的重要事项、进展告知各相关方，以发挥其作用。原则上会议纪要在分发前应完成签字，签字人员包含所有重要的与会人员。

课堂互动环节五

阅读以下会议纪要，分组讨论并概述赛事文件要点。

"1+X"证书实施研讨会议纪要

会议主要内容如下。

① 探讨"1+X"证书实施在我校电子竞技运动与管理专业技能培养方面的指导作用。

② 介绍与探讨我校电子竞技运动与管理专业课程体系。

③ 探讨电子竞技行业主流职业技能证书。

首先，电子竞技行业裁判的认定主要由各省市体育局主导、电子竞技协会辅助。电子竞技裁判培训设有初级裁判（三级）的考核。其次，与电子竞技运动与管理专业相关的证书还有平面设计师资格证，但是存在专业认可度不高、含金量不足等问题。最后，当前中华人民共和国人力资源和社会保障部设立了电子竞技员和电子竞技运营师两个职业技能证书。

④ 讨论课程设置是否可以与"1+X"证书相适应、相连接。

⑤ 讨论职业技能评定的机制，目前政府、学校、企业等主体联合开展评定的机制居多。

⑥ 讨论目前行业职业技能认可在电子竞技行业存在的短板，可以以市场为导向划分为电子、网络、艺术设计等领域，将这些领域的职业证书作为辅助。

会议一致建议如下。

① 与头部企业深度合作，绑定申请，有利于审批。

② 电子竞技行业中主播及经纪人方面存在巨大的人才缺口，与此相对应的是经纪人资格证书。

③ 考虑到本校专业优势，应着重培养学生的实际操作能力。

➢ 赛事排期表

一般来说，赛程安排需要包含整个比赛的赛程安排和某个比赛日的详细流程安排。所以，赛事排期表需要包含整个赛程安排，并尽量体现比赛日的详细流程安排，以便更好地起到指导比赛的作用。

① 比赛赛程安排。和传统体育赛事一样，电子竞技比赛赛程安排比较简单。为了满足大部分观众的观赛需求，一般需要遵循以下两个原则。

第一，比赛日期一般选择周末的时间，如周五到周日。

第二，比赛开始时间一般为下午，预计比赛结束时间一般不超过晚上10点。

图5-4所示为某电子竞技赛事赛程安排。

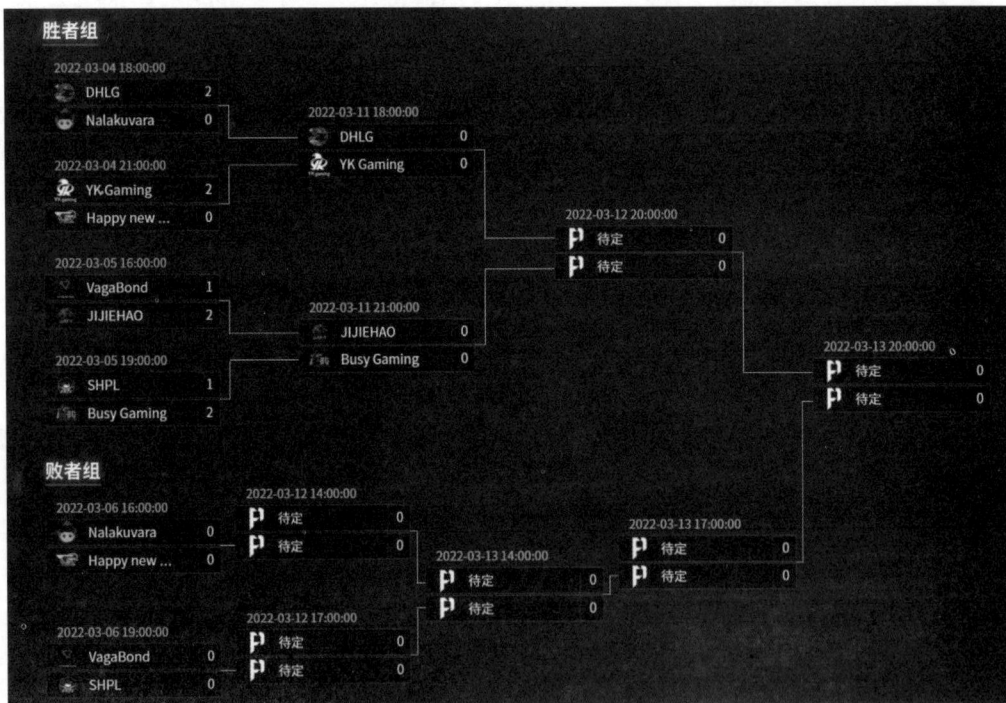

图 5-4

如果是举办世界性大型电子竞技比赛，则需要考虑时差问题。应按照以下顺序考虑决定采用哪个时区。

第一，举办地的时区。

第二，若是举办以线上直播为主的比赛，则应考虑或侧重电子竞技游戏用户活跃度较高（或其他评判标准）的时区。

第三，若第二条中的内容并没明显的差距，则应该选择能照顾到更多国家和地区的时区。

② 比赛流程安排。

单日的比赛流程安排一般按以下顺序进行：赛前准备、赛前环节、赛事片头、正式比赛、赛间环节、赛后环节和结束环节。电子竞技比赛流程安排相关内容如表 5-3 所示。

表 5-3　电子竞技比赛流程安排

比赛环节	注重点	说明
1. 赛前准备	根据实际情况，一般提前一个小时以上开始准备	线上比赛的流量导入 线下比赛的人员入场
2. 赛前环节	赛事本身的宣传 广告的植入 相关赛事信息 相关游戏的活动宣传	比赛预热环节 需要进行强化宣传，炒热气氛
3. 赛事片头	赛事本身宣传	填充延迟观战的等待时间
4. 正式比赛	解说分析 赛事观赏 不影响观赛休验的广告	正赛部分
5. 赛间环节	采访（若有） 精彩操作回放 解说分析、点评 下场比赛预告	赛间休息 该场赛事数据展示

比赛环节	注重点	说明
若有多场比赛，重复 2～5		
6. 赛后环节	综述当天赛事，如比赛结果等 权益口播	赛后评论
7. 结束环节	次日比赛预告 相关官方合作伙伴广告	结束比赛

从 5.1 节中大家可以了解到电子竞技运营工作中的沟通与反馈、常用办公软件及功能、运营类文案等相关知识。为了让大家能够具备电子竞技赛事运营类文案的撰写能力，接下来将布置两个相关任务，大家可以试着自行完成，以加深对电子竞技运营类文案的认知，并培养一定的文案撰写能力。

5.2 任务 1 撰写电子竞技赛事函件类文案

赛事函件类文案对于电子竞技赛事的顺利举办具有重要的作用。电子竞技运营人员需要熟练掌握该类文案的撰写技巧，能够熟练撰写电子竞技赛事授权申请、电子竞技赛事邀请函、电子竞技赛事手册等。

任务要求

① 了解电子竞技赛事函件类文案；

② 掌握电子竞技赛事授权申请、电子竞技赛事邀请函、电子竞技赛事手册的撰写技巧；

③ 撰写规定场景的电子竞技赛事函件类文案。

5.2.1　子任务 1：撰写电子竞技赛事授权申请

➢ 任务背景

"2023 校园杯"电子竞技比赛是一场高水平的电子竞技赛事。该项比赛由学校与完美世界电竞共同策划举办，由学校承办，比赛项目为完美世界开发的一款新游戏。因此，在举办这场比赛前，学校需要得到完美世界对赛事游戏的授权，包括游戏项目、转播权限等。

➢ 任务操作

为确保"2023 校园杯"电子竞技比赛顺利进行，学校需要尽快取得完美世界公司的书面授权文件。请分组讨论确定授权文件的主体内容。每组分为两个小队，一个小队代表学校，一个小队代表完美世界公司。两个小队共同讨论、协商，完成此次比赛所需的授权文件，确认无误后通过邮件的形式发送。

5.2.2　子任务 2：撰写电子竞技赛事邀请函

➢ 任务背景

为保证"2023 校园杯"电子竞技比赛的顺利进行，需要撰写赛事邀请函。邀请函面向全体参赛选手、媒体、观众，可以结合学校实际情况，描绘"2023 校园杯"电子竞技比赛的模拟情景。

➢ 任务操作

学生分成若干小组，独立策划、撰写赛事邀请函。

各小组讨论各自的撰写思路，参考所提供的电子竞技赛事邀请函案例，讨论并梳理出电子竞技赛事邀请函的组成要素，包括但不限于时间、场地、赛制、赛程、奖金、报名等内容。

完成赛事邀请函的撰写、模拟发布。

赛事邀请函要求逻辑清晰，内容完整，格式正确。

5.2.3　子任务 3：撰写电子竞技赛事手册

➤ 任务背景

根据子任务二描述的比赛情景，合理规划"2023 校园杯"电子竞技比赛，撰写一份实用、标准的"2023 校园杯"电子竞技赛事手册。

➤ 任务操作

分小组讨论并确定比赛项目、参赛队伍、赛制、比赛规则等主要事项。

参考所提供的"2020 完美世界 CS:GO 职业联赛亚洲区夏季赛赛事手册"，为"2023 校园杯"电子竞技比赛撰写一份完整、规范的赛事手册。

5.2.4　巩固思考练习

① 撰写一份完整的赛事授权申请，需要注意哪些事项？

② 赛事邀请函需要包含的主要内容有哪些？

③ 简述电子竞技赛事手册的撰写要点。

5.3　任务 2　撰写电子竞技赛事办公类文案

撰写电子竞技赛事办公类文案是电子竞技运营人员的必备技能。电子竞技运营人员要多加练习，以具备熟练撰写电子竞技赛事会议纪要、赛事排期表等赛事办公类文案的能力，并且需要在工作实践中不断提高此类文案的撰写水平。

任务要求

① 熟悉电子竞技赛事办公类文案；

② 掌握电子竞技赛事会议纪要、赛事排期表的撰写技巧；

③ 撰写规定场景的电子竞技赛事办公类文案。

5.3.1　子任务 1：撰写电子竞技赛事会议纪要

➢ 任务背景

为保证"2023 校园杯"电子竞技比赛的顺利进行，赛事组委会在开赛前一周组织赛事运营人员召开赛前工作部署会议，重点沟通赛事筹备情况。本次会议需要整理会议纪要，要求逻辑清楚、各事项表达清楚、内容完整、格式规范。

➢ 任务操作

整个班级分为若干小组，针对会议相关议题进行讨论。

各小组分别撰写电子竞技赛事会议纪要。

教师针对学生作品进行集中点评。

5.3.2　子任务 2：制作电子竞技赛事排期表

➢ 任务背景

"2023 校园杯"电子竞技比赛报名工作已经完成。本次比赛共有 32 支队伍参赛，为确保比赛顺利举行，需要制作一份赛事排期表并公布。

➢ 任务操作

整个班级分为若干小组，分组讨论比赛安排的细节，确定比赛赛程及具体比赛流程，为比赛制作一份详细的赛事排期表。完成制作后，以适当的方式对赛事排期表进行发布。

5.3.3　巩固思考练习

① 概述撰写会议纪要的主要原则。

② 在电子竞技赛事排期表的制作中需要注意哪些问题？

拓展学习——电子竞技运营职业道德

> 职业道德

职业道德是指在一定职业活动中应遵循的、体现一定职业特征的、调整一定职业关系的职业行为准则和规范。不同的职业人员在特定的职业活动中形成了特殊的职业关系，包括职业主体与职业服务对象之间的关系、职业团体之间的关系、同一职业团体内部人与人之间的关系，以及职业劳动者、职业团体与国家之间的关系。它通过人们的信念、习惯和社会舆论而起作用，成为人们评判是非、辨别好坏的标准和尺度，从而促使人们不断增强职业道德观念，不断提高服务水平。

职业道德是社会道德体系的重要组成部分，一方面具有社会道德的一般作用，另一方面又具有自身的特殊作用。具体表现在以下方面。

1. 调节职业交往中从业人员内部以及从业人员与服务对象间的关系

职业道德的基本职能是调节职能。一方面，职业道德可以调节从业人员内部的关系，即职业道德约束职业内部人员的行为，促进职业内部人员的团结与合作。职业道德要求各行各业的从业人员都要团结、互助、爱岗、敬业、齐心协力地为本行业、本职业服务。另一方面，职业道德又可以调节从业人员和服务对象之间的关系。职业道德规定了电子竞技运营人员要怎样对工作负责、如何对选手和观众负责等。

2．有助于维护和提高本行业的信誉

一个行业、一家企业的信誉，也就是整体的形象、信用和声誉，是指企业及其产品与服务在社会公众中的信任程度。提高企业的信誉主要靠产品的质量和服务质量，而从业人员职业道德水平高是产品质量和服务质量的有效保证。若从业人员职业道德水平不高，很难生产出优质的产品或提供优质的服务。电子竞技行业是一个新兴行业，电子竞技运营人员的行为对电子竞技行业的形象塑造至关重要，一个专业的、具有职业道德与素养的电子竞技运营人员形象可以潜移默化地消除社会对电子竞技行业的误解与偏见。作为电子竞技运营人员，富有职业素养的工作形象是塑造赛事品牌的重要因素。

3．促进本行业的发展

行业、企业的发展有赖于高的经济效益，而高的经济效益源于高的员工素质。员工素质主要包含知识、能力、责任心三个方面，其中责任心是最重要的。而职业道德水平高的从业人员的责任心是极强的，因此，职业道德能促进本行业的发展。

4．有助于提高全社会的道德水平

职业道德是社会道德的主要内容。一方面，职业道德涉及从业人员如何对待职业、如何对待工作，同时也是从业人员的生活态度、价值观念的表现，是一个人道德意识的体现，道德行为发展到成熟阶段，具有较强的稳定性和连续性。另一方面，职业道德也是一个职业集体，甚至一个行业全体人员的行为表现，如果每个行业、每个职业集体都具备优良的道德，对整个社会道德水平的提高会发挥重要作用。

职业道德的主要内容为：爱岗敬业、办事公道、诚实守信、遵纪守法、尊重产权、客观公正。

➢ 电子竞技运营职业道德

爱岗敬业、办事公道是电子竞技运营人员应该具备的一种崇高精神，是做到求真务实、优质服务、勤奋奉献的前提和基础。电子竞技运营人员首先要安心工作、热爱工作、献身所从事的行业，把自己远大的理想和追求落到工作实处，在平凡的工作岗位上做出非凡的贡献。电子竞技运营人员有了敬业精神，就能在实际工作中积极进取、忘我工作，把好工作质量关。从业人员对待工作要认真负责，分析工作中的不足，注重积累经验。

诚实守信、遵纪守法是电子竞技运营人员职业道德的核心。诚实守信是中华民族的传统美德，遵纪守法是每一个公民应尽的义务。电子竞技运营人员不得参与假赛、赌博等不法活动，依法办事是从业人员的道德底线，拒绝对比赛结果进行任何形式的操控，从始至终做到对参赛选手、观众、自我职业操守负责。

尊重产权、客观公正是电子竞技运营人员职业道德的灵魂。在电子竞技赛事中，比赛项目为游戏，而使用游戏进行比赛需要得到游戏开发商的许可。在电子竞技赛事的运营中，从业人员要尊重知识产权，不使用没有授权许可的素材。保持客观公正的精神，在电子竞技赛事中设置公平的赛制及赛事规则。